아주 특별하게
새끼를 돌본다고?

글 햇살과나무꾼

어린이책을 사랑하는 사람들이 모여 만든 기획실로, 세계 곳곳에 묻혀 있는 좋은 작품을 찾아 우리말로 소개하고 어린이의 정신에 지식의 씨앗을 뿌리는 책을 집필하고 있다. 옮긴 책으로는 《안데르센 동화집》, 《나니아 연대기》, 《세라 이야기》, 《내 이름은 삐삐 롱스타킹》 등이 있고, 쓴 책으로는 《알면 들리는 클래식》, 《위대한 발명품이 나를 올려요》 등이 있다.

그림 이선주

충청남도 천안에서 태어나 중앙대학교와 동 대학원에서 서양화를 공부했다. 이 책에서는 섬세하고 사실적인 그림으로 동물들의 새끼 사랑을 생생하게 표현해 냈다. 쓰고 그린 책으로 《누군가 걸어가요》가 있고, 그린 책으로는 《우리가 지켜낸 문화재》, 《꽃신》, 《도토리와 산고양이》, 《야시골 미륵이》, 《전우치전》 등이 있다.

감수 박시룡

경희대학교 생물학과를 졸업하고, 독일 본대학교에서 동물 행동학으로 박사 학위를 받았다. 한국교원대학교 명예 교수이며 황새생태연구원장을 지냈다. 지은 책으로 《박시룡 교수의 끝나지 않은 생명 이야기》, 《황새, 자연에 날다》 등이 있다.

슬기로운 생태 관찰
아주 특별하게 새끼를 돌본다고? - 동물의 새끼 사랑

초판 1쇄 인쇄일 2022년 6월 1일
초판 1쇄 발행일 2022년 6월 15일

지은이 햇살과나무꾼
그린이 이선주

발행인 윤호권
사업총괄 정유한
편집 윤보영, 이은영 **디자인** 김영중, 변수연 **마케팅** 박병국
발행처 ㈜시공사 **주소** 서울시 성동구 상원1길 22, 6-8층 (우편번호 04779)
대표전화 02-3486-6877 **팩스(주문)** 02-585-1247
홈페이지 www.sigongsa.com / www.sigongjunior.com

글 ⓒ 햇살과나무꾼, 2022 | 그림 ⓒ 이선주, 2022

이 책의 출판권은 (주)시공사에 있습니다. 저작권법에 의해
한국 내에서 보호받는 저작물이므로 무단 전재와 무단 복제를 금합니다.

ISBN 979-11-6925-021-4 74400
ISBN 979-11-6925-019-1 (세트)

*시공사는 시공간을 넘는 무한한 콘텐츠 세상을 만듭니다.
*시공사는 더 나은 내일을 함께 만들 여러분의 소중한 의견을 기다립니다.
*잘못 만들어진 책은 구입하신 곳에서 바꾸어 드립니다.

KC마크는 이 제품이 공통안전기준에 적합하였음을 의미합니다.
제조국 : 대한민국   사용 연령 : 8세 이상
책장에 손이 베이지 않게, 모서리에 다치지 않게 주의하세요.

🔍 동물의 새끼 사랑

아주 특별하게
새끼를 돌본다고?

햇살과나무꾼 글 이선주 그림

시공주니어

목숨도 아끼지 않는 동물들의 새끼 사랑

　엄마 아빠는 우리를 낳아 주고 기쁠 때나 슬플 때나 우리 곁에서 우리를 지켜 주고 감싸 주는 고마운 분들이에요. 이따금 눈물이 쏙 빠지도록 꾸중을 할 때도 있지만 우리 친구들은 모두 알고 있을 거예요. 엄마 아빠가 우리를 얼마나 사랑하는지, 우리를 얼마나 걱정하고 염려하는지를 말이에요.
　부모가 자식에게 기울이는 이 따뜻하고 애틋한 사랑은 사람들만 가진 것이 아니랍니다. 자연에서 살아가는 동물들도 새끼들에게 사람 못지않은 애정을 기울이고 있어요. 캥거루는 다 자란 새끼를 육아낭에 넣고 다니며 보호하고, 에사키뿔노린재는 무서운 곤충들이 알을 훔쳐갈까 봐 약 12일 동안 나뭇잎에 매달려

먹지도 자지도 않고 알자리를 지켜요. 어디 그뿐인가요? 남극의 황제펭귄은 영하 40도를 밑도는 추위 속에서 얼음판 위에 꼼짝 않고 서서 두 달 동안 알을 품는답니다.

물론 자연에는 고개를 갸우뚱하게 하는 부모들도 있어요. 사자는 겨우 젖을 뗀 새끼를 사냥터로 내몰아 혹독하게 훈련을 시키고, 코알라는 갓 태어난 새끼에게 자기 똥을 먹이는 엉뚱한 짓을 하지요. 하지만 가만히 들여다보면 그런 행동 뒤에도 자식을 위하는 부모의 깊은 사랑이 숨어 있답니다. 사자는 새끼들을 초원의 왕으로 키우기 위해 일부러 엄격하게 굴고, 코알라는 아무것도 소화하지 못하는 새끼들을 위해 이유식으로 자기 똥을 먹이니까요.

이 책에는 바로 그런 이야기가 담겨 있어요. 새끼를 위해서라면 목숨도 아끼지 않는 엄마 아빠의 사랑 이야기와 그 사랑을 먹고 무럭무럭 자라는 새끼들의 이야기가 책장 곳곳에 살아 숨 쉬고 있지요. 그럼 다 같이 책장을 넘겨 볼까요? 여러분의 마음을 한없이 따스하고 포근하게 해 줄 이야기가 활짝 펼쳐질 거예요.

햇살과나무꾼

차례

1장 젖먹이 동물의 새끼 사랑

주머니에 새끼를 넣고 다니는 캥거루 •10

고된 사냥 훈련을 시키는 사자 •16

힘을 합쳐 새끼를 돌보는 코끼리 •24

깊이 들여다보기 젖을 먹여 새끼를 키우는 포유동물들 •31

새끼를 등에 업고 다니는 하마 •32

새끼를 지키는 놀라운 발길질, 기린 •39

평생 곁에서 새끼를 돌보는 침팬지 •46

똥을 먹여 새끼를 키우는 코알라 •52

2장 새들의 새끼 사랑

가슴에 물을 적셔 와서 알을 식히는 악어새 •60

매서운 추위 속에서 알을 품는 아빠 황제펭귄 •64

깊이 들여다보기 지구에서 가장 추운 대륙, 남극 •71

다친 시늉을 해 새끼를 구하는 꼬마물떼새 •72

젖을 먹여 새끼를 키우는 비둘기 •78

새끼를 지키기 위해 비행기한테도 덤벼드는 아빠 레아 •82

하루에 100번 이상 먹이를 물어 나르는 제비 •88

깊이 들여다보기 새들은 암컷과 수컷이 함께 새끼를 돌봐요 •94

3장 물속 동물들의 새끼 사랑

알 부화장을 지키는 나일악어 •96
제 몸의 양분을 떼어 먹이는 디스커스 •102
물 위에 알을 낳는 물고기, 스프레잉카라신 •108
> 깊이 들여다보기 황폐해지는 지구의 허파, 아마존 •114

새끼를 지키다 죽음을 맞는 큰가시고기 •116
거품집을 지어 알을 보호하는 버들붕어 •122
알 동굴을 지키는 수문장, 문어 •128
> 깊이 들여다보기 물고기는 어떻게 새끼를 돌볼까? •134

4장 작은 동물의 새끼 사랑

알을 업고 다니는 물자라 •136
온몸으로 알을 보호하는 에사키뿔노린재 •141

나뭇잎으로 알집을 짓는 거위벌레 •146
아무것도 먹지 않고 알만 낳은 뒤 죽는 하루살이 •151
가시 돋친 밤송이에 알을 낳는 밤바구미 •156
> 깊이 들여다보기 곤충들은 어떻게 알과 새끼를 보살필까? •161

새끼를 업고 다니는 늑대거미 •162

1장

젖먹이 동물의 새끼 사랑

주머니에 새끼를 넣고 다니는 **캥거루**

 고된 사냥 훈련을 시키는 **사자**

힘을 합쳐 새끼를 돌보는 **코끼리**

 새끼를 등에 업고 다니는 **하마**

새끼를 지키는 놀라운 발길질, **기린**

 평생 곁에서 새끼를 돌보는 **침팬지**

똥을 먹여 새끼를 키우는 **코알라**

캥거루: 유대목 캥거루과

주머니에 새끼를 넣고 다니는
캥거루

엄마의 배 주머니에……

오스트레일리아의 초원 지대. 커다란 캥거루 한 마리가 앞다리를 들고 튼튼한 뒷다리로 껑충껑충 뛰어가고 있었어요. 그런데

캥거루의 배에서 뭔가 출렁출렁 흔들렸어요.

그것은 바로 새끼였어요! 다 큰 새끼 캥거루가 엄마의 배 주머니에서 머리와 다리를 내밀고 바깥을 내다보고 있었어요.

다 큰 새끼를 배 주머니에 넣고 다니려면 힘이 들 텐데, 왜 엄마 캥거루는 새끼를 떼어 놓지 않는 걸까요?

미안하다, 아가야

캥거루는 오스트레일리아의 숲과 초원 지대에서 풀과 나뭇잎을 먹고 살아요. 꼬리를 제외한 몸길이가 23센티미터에서 150센티미터까지 다양한데, 가장 큰 붉은캥거루가 150센티미터에 이르지요.

캥거루는 뜀박질을 아주 잘해요. 앞다리를 들고 뒷다리로 껑충껑충 뛰는데, 9미터 너비의 개울과 3미터 높이의 울타리를 훌쩍 뛰어넘기도 한답니다. 캥거루는 위협이 닥치면 이 뛰어난 뜀박질 솜씨로 달아나는데, 때로는 적을 향해 똑바로 달려가서 머리를 타 넘고 달아나기도 하지요.

그런데 캥거루에게는 말 못할 고민이 있어요. 포유동물의 암컷은 새끼를 가지면 자궁(엄마의 몸속에서 아기가 자라는 곳)에 태반이 생기는데, 캥거루에게는 태반이 생기지 않는답니다. 태반은 엄마의 자궁에서 새끼의 몸으로 영양분과 산소를 전해 주고 필요 없는 물질을 받아 오는 통로 역할을 하지요. 포유동물의 암컷이 몸속에

캥거루

서 새끼를 기를 수 있는 것은 몸속에 이러한 태반이 발달하기 때문이에요. 그런데 캥거루는 새끼를 가져도 태반이 생기지 않기 때문에 몸속에서 새끼를 제대로 기를 수가 없답니다.

엄마 캥거루는 새끼를 밴 지 1개월 만에 쑥 낳는데, 갓 태어난 새끼 캥거루는 키가 3센티미터, 몸무게가 3그램이 안 될 정도로 정말 작아요. 털이 없는 것은 물론이고, 코와 앞다리만 제대로 있을 뿐 눈과 귀, 뒷다리도 완전하지 않고요. 엄마 캥거루가 새끼를 배 주머니에 넣고 다니게 된 까닭은 여기에 있답니다.

새끼를 키우는 마법의 요람, 육아낭

엄마 캥거루들은 태반이 발달하지 않는 대신 배에 '육아낭'이라는 특별한 주머니가 발달해요. 그리고 이 육아낭에 새끼들을 넣고 몇 달 동안 젖을 먹이며 키운답니다.

갓 태어난 새끼 캥거루는 다른 신체 기관은 온전하지 못해도 앞다리와 코는 잘 발달되어 있어요. 그래서 태어나자마자 젖 냄새를 맡고 엄마의 육아낭 속으로 기어 들어가지요. 새끼 캥거루가 젖꼭지를 물면, 엄마 캥거루의 젖꼭지는 새끼가 젖꼭지를 놓치지 않도록 탱탱하게 부풀어 올라요. 힘이 없는 새끼가 젖을 제대로 빨지 못할까 봐 젖도 저절로 퐁퐁 뿜어지지요.

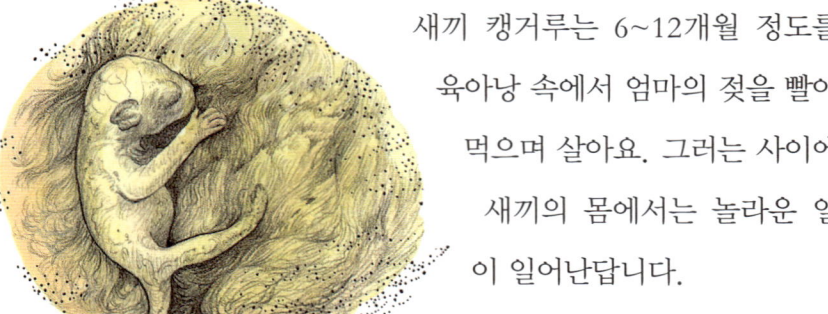

새끼 캥거루는 6~12개월 정도를 육아낭 속에서 엄마의 젖을 빨아 먹으며 살아요. 그러는 사이에 새끼의 몸에서는 놀라운 일이 일어난답니다.

온전하지 못하던 눈과 귀, 뒷다리 등이 온전해지고 털도 잔뜩 돋아나, 마침내 육아낭 밖으로 스스로 고개를 내밀게 돼요. 곤충의 애벌레보다도 미숙하던 새끼 캥거루가 혼자서도 살아갈 수 있을 만큼 자라 세상으로 나오는 거지요.

우리 엄마는 최고의 킥복싱 선수

육아낭에서 6~12개월을 보내고 나면 새끼 캥거루는 어느덧 혼자 먹이를 찾아다닐 수 있을 만큼 자라나요. 그래도 엄마 캥거루는 마음을 놓지 못해 새끼들을 몇 개월 더 육아낭에 넣고 다닌답니다.

새끼 캥거루가 바깥 나들이를 하는 것은 하루에 두어 차례 풀을 뜯어 먹을 때뿐이에요. 이때도 엄마 캥거루는 새끼 뒤를 졸졸 쫓아다녀요. 오스트레일리아의 초원 지대에는 새끼 캥거루처럼 작고 어린 초식 동물들을 잡아먹는 야생 들개, 딩고가 있거든요. 하지만 엄마 캥거루가 곁에 있는 한 새끼 캥거루는 겁낼 것이 없어요.

딩고 떼가 새끼를 노리고 다가오면, 엄마 캥거루는 튼튼한 꼬리로 몸을 떠받치고 날카로운 발톱이 달린 뒷다리를 앞으로 쭉 뻗어 발차기를 하는데, 아무리 큰 동물도 이 발차기를 당해 내지 못한답니다.

엄마 젖 찾아 삼만 리

갓 태어난 새끼 캥거루가 엄마의 육아낭 속으로 기어 들어가기란 쉬운 일이 아니에요. 붉은캥거루의 경우, 새끼가 엄마의 털을 잡고 15센티미터를 기어올라야 육아낭이 나와요. 새끼 캥거루가 경험하는 이 최초의 여행은 빨라도 3분이 지나야 끝나는데, 끝내 육아낭을 찾지 못하고 죽는 새끼들도 있답니다.

사자: 식육목 고양잇과

고된 사냥 훈련을 시키는
사자

열대 초원의 왕, 사자

열대 초원에서 '맹수의 왕'으로 군림하는 동물은 누구일까요? 물론 사자예요. 사자는 열대 초원의 사냥꾼들 가운데 몸집이 가장 크고 힘이 좋으며 몸놀림이 날렵해요. 여러 마리가 함께 사냥을 하는데, 사냥술도 뛰어나지요.

사자는 여러 마리가 함께 사냥에 나서 한쪽에서는 사냥감을 몰고 한쪽에서는 사냥감이 달아나는 길목을 지키며 효율적으로 사냥을 한답니다. 그러니 어떤 동물이 사자를 당할 수 있겠어요? 사자 앞에서는 초식 동물은 물론이고 표범이나 치타 같은 덩치 큰 육식 동물들도 꼬리를 내린답니다.

그런데 동물의 왕국을 호령하는 사자들은 새끼를 어떻게 키울까요?

새끼의 목덜미를 후려치는 우두머리 수사자

사자는 일정한 번식기가 없어, 1년 중 아무 때나 새끼를 낳아요. 한 배에 보통 2~3마리의 새끼를 낳지요. 갓 태어난 새끼 사자들은 스스로 살아갈 능력이 전혀 없어요. 그래서 태어나서 6개월까지는 엄마 품에서 젖을 먹고 무리의 보호를 받으며 자라요. 이때는 엄마가 곁에 없더라도 다른 암사자들이 젖을 먹이며 돌봐 주고 수사자들은 새끼들이 귀찮게 구는 것을 참아 주지요.

사자

하지만 젖을 떼고 고기를 먹기 시작하면, 초원의 왕이 되기 위한 혹독한 '교육'을 받아야 한답니다.

새끼 사자들은 먼저 식사 예절부터 배워요. 사자들은 식사 예절이 무척 엄격하답니다. 먹이를 잡으면, 우두머리 수사자부터 서열에 따라 먹이를 먹기 시작해 새끼 사자들은 맨 꼴찌로 먹게 되지요.

많이 먹고 무럭무럭 자라야 할 새끼들에게 차례를 양보해 줄 만도 하지만, 어른 사자들은 양보라는 것을 몰라요. 양보는커녕, 막 젖을 뗀 새끼라고 해도 먹이 앞에서 버릇없이 굴면 용서하지 않는답니다.

배고픈 새끼 사자가 어른보다 먼저 먹이에 입을 대면 우두머리 수사자가 "크르릉!" 하고 위협을 합니다. 그러고는 날카로운 발톱을 세워 당장 새끼의 목덜미를 후려치지요. 그 탓에 새끼의 목덜미에서 피가 나도, 우두머리 수사자는 전혀 가여워하는 기색이 없어요. 새끼 사자가 겁에 질리든 말든 신경 쓰지도 않고, 나직이 으르렁거리며 먹이 앞으로 돌아가 다시 허겁지겁 배를 채울 뿐이지요.

하지만 이 정도는 아무것도 아니랍니다. 새끼 사자들은 몸에서 젖 냄새가 채 마르기도 전에 야생으로 나가 혹독한 사냥 훈련을 받기 시작합니다.

젖 떼기 무섭게 사냥터로

새끼 사자들은 태어난 지 7개월이 되어 젖을 떼고 나면 곧장 사냥 훈련을 받기 시작해요. 어른 사자들은 어린 새끼 사자들을 곧장 사냥터로 데리고 가지는 않아요. 먼저 사냥에 필요한 요령과 기술을 눈으로 익히게 하지요. 사자 무리에서 사냥은 주로 암컷들이 담당하는데, 우두머리 수사자가 암사자들이 사냥하는 곳으로 새끼들을 데리고 가서 사냥하는 모습을 살펴보게 하는 거예요.

새끼 사자들은 2개월 동안 엄마들이 사냥하는 모습을 관찰하며 사냥감이 눈치채지 못하게 다가가는 법, 커다란 사냥감을 단숨에 거꾸러뜨리는 법, 사냥감이 맹렬히 덤벼들 때 피하는 법 등을 눈으로 익혀요.

이윽고 태어난 지 10개월이 되어 새끼들의 입에 송곳니가 뾰족하게 돋으면, 이제 엄마 사자들이 새끼들을 사냥터로 데리고

나간답니다. 이때부터 새끼들은 엄마 사자 곁에서 사냥을 도우며 사냥하는 법을 몸으로 익히게 되지요.

처음 사냥터에 나간 새끼 사자들은 실수도 많이 해요. 급하게 달려나가다가 미끄러지기도 하고, 사냥감에게 무턱대고 덤비다가 얼룩말의 발굽에 차이거나 코뿔소의 뿔에 받히기도 하지요.

그러나 엄마 사자는 목숨이 위태로울 만큼 위험하지 않는 한, 새끼들을 도와주지 않는답니다. 사냥을 할 때는 조그만 실수가 얼마나 큰 위험을 불러올 수 있는지 새끼들이 스스로 깨우치게 하기 위해서인지도 모르지요.

고된 사냥 훈련을 받은 지 1년 남짓 지나면 새끼 사자들은 덩치가 엄마 사자만큼 커져요. 또 고된 훈련 속에서 갈고닦은 기술이 몸에 익어 어엿한 사냥꾼의 모습을 갖추게 된답니다.

대자연이여, 새로운 왕이 태어났도다!

열대 초원이 검푸른 어둠에 휩싸인 밤, 수풀 뒤에 밤의 어둠을 깨뜨리는 매서운 눈빛들이 있었어요. 엄마 사자들이 지켜보는 가운데 두 살 된 새끼 사자들이 처음으로 저희끼리 코뿔소 사냥에 나선 거예요.

새끼 사자들은 저녁나절부터 4시간이나 공을 들여 코뿔소에게 접근했어요. 마침내 코뿔소 30여 미터 앞에 이르자, 새끼 사자 한

마리가 바람이 불어오는 방향으로 후닥닥 돌아갔어요. 코뿔소는 바람에 실려오는 사자 냄새를 맡고는 깜짝 놀라 반대편으로 다급히 달아났어요. 그때 맞은편 풀숲에서 사자 두 마리가 불쑥 나타났습니다.

사자들을 본 코뿔소는 몹시 당황해서 이리 왔다 저리 갔다 사방으로 뛰었어요. 하지만 이미 독 안에 든 쥐였어요. 새끼 사자들이 코뿔소를 사방에서 에워싸고 한 발 한 발 다가왔어요. 그러더니 한 마리가 휙 달려나와 앞발로 코뿔소의 콧등을 순식간에 내리찍었지요.

쿵……!

급소를 맞은 코뿔소는 제대로 맞서 싸워 보지도 못하고 바닥에 쓰러졌어요.

멀리서 이 모습을 지켜보던 엄마 사자들이 새끼 사자들에게 달려왔어요.

"크르릉!"

새끼 사자들은 고개를 젖히고 달을 바라보며 긴 울음소리를 토해 냈어요.

젖을 떼자마자 사냥터로 내몰려야 했던 새끼 사자들. 그러나 그 혹독한 가르침 덕분에 철없던 새끼 사자들이 마침내 초원을 호령할 새로운 왕으로 다시 태어난 거예요.

사자는 수컷만 갈기가 있어요

수컷 사자는 태어난 지 1년이면 갈기가 나기 시작하고, 점점 자랄수록 갈기가 풍성해져요. 풍성한 갈기는 그 사자가 건강한 어른 수컷이라는 것을 나타내요. 또 사자끼리 싸울 때 목을 보호하는 역할도 한답니다.

모든 새끼들의 아버지, 우두머리 수사자

사자는 보통 10~20마리가 무리를 지어 사는데, 사자 무리에는 우두머리 역할을 하는 수사자가 한 마리 있어요. 이 수사자는 무리 안에 있는 모든 암컷의 남편이자 모든 새끼의 아버지로, 암사자들이 잡은 먹이를 가장 먼저 먹는 영광을 누리지요. 대신에 우두머리 수사자는 다른 사자들로부터 무리를 지키는 역할을 해요. 이 역할을 잘못하는 우두머리 수사자는 무리에서 쫓겨나게 되는데, 이때 그 수사자의 새끼들은 새로 우두머리가 된 수사자에게 물려 모두 죽고 만답니다.

코끼리: 장비목 코끼릿과

힘을 합쳐 새끼를 돌보는
코끼리

용감한 엄마들

우람한 코끼리들이 뿌연 흙먼지를 일으키며 아프리카의 대초원을 가로지르고 있었어요. 그런데 뿌연 먼지바람을 타고 어디선가 수상한 냄새가 실려왔어요. 사자 세 마리가 무리에서 뒤처진 새끼 코끼리를 노리고 다가오고 있었어요.

순간, 어떻게 눈치챘는지 가장 큰 코끼리가 새끼 코끼리 앞을 막아서더니 "뿌우!" 하고 울부짖었어요. 그 소리를 신호로 나머지 코끼리들이 새끼들을 에워싸고 천지를 뒤흔들 듯 울어 댔고요. 그 기세에 눌린 걸까요? 사자들은 선뜻 공격하지 못했어요. 코끼리들 주위를 빙빙 돌기만 하다가 결국 공격할 곳을 찾지 못하고 돌아갔지요.

새끼들을 울타리처럼 에워싸고 사자들을 물리친 코끼리들. 이 용감한 전사들은 놀랍게도 모두 엄마 코끼리들이랍니다.

아빠는 어디 갔어?

코끼리 수컷은 새끼를 낳은 뒤에 가족을 돌보지 않아요. 광활한 열대 초원을 떠돌다가, 짝짓기 시기에만 무리를 찾고 짝짓기가 끝나면 다시 훌쩍 떠나 버리지요.

아빠 코끼리가 떠나면 새끼를 돌보는 일은 온통 엄마 코끼리의 몫이에요. 맹수들이 곳곳에 도사리는 열대 초원에서 엄마 코끼리 혼자 새끼들을 기르기란 쉽지 않답니다. 더구나 코끼리들은 물과 풀을 찾아 늘 이동을 해요. 몸집이 너무 크기 때문이지요.

코끼리는 육지 동물 가운데 몸집이 가장 크답니다. 다 자라면 어깨 높이가 2.5~4미터, 몸무게가 5000~7500킬로그램에 이르지요. 이 큰 몸집을 유지하려면 코끼리는 하루에 225킬로그램이 넘는 풀을 먹어야 해요. 그 탓에 코끼리 떼가 지나간 자리에는 남는 것이 없답니다. 풀이면 풀, 나뭇잎이면 나뭇잎, 닥치는 대로 먹어 치우기 때문이지요. 코끼리들은 땀을 많이 흘려서 물도 하루에 70~80리터씩 꼬박꼬박 마셔야 한답니다.

코끼리들이 사는 초원에서는 이렇게 많은 먹이와 물을 한곳에서 계속 구할 수가 없어요. 그래서 코끼리들은 늘 먹이와 물을 찾아 돌아다녀요. 그런데 코끼리들의 이동에는 늘 위험이 뒤따른답니다. 초원에서는 사자가, 강에서는 악어가 호시탐탐 새끼 코끼리들을 잡아먹을 기회를 엿보니까요.

우리끼리 똘똘 뭉치자!

엄마 코끼리는 맹수의 공격을 받을 위험이 거의 없어요. 아무리 뛰어난 사냥꾼이라고 해도 집채만 한 코끼리 앞에서는 기를 펴지 못하거든요. 하지만 새끼 코끼리는 달라요. 작고 약하기 때문에 목숨을 노리는 맹수들이 많답니다.

이렇듯 위험한 환경 속에서 엄마 코끼리들이 새끼들을 지키는 방법은 이른바 '똘똘 뭉치기' 작전이에요.

코끼리

코끼리는 할머니 코끼리를 중심으로, 엄마와 새끼들

로 이루어진 몇 가족이 무리를 이루어 함께 다녀요. 그리고 먹이를 찾아갈 때도, 물을 마시러 갈 때도 늘 함께 다니며 새끼들을 보호하지요.

이런 사실을 모르는 경험 없는 사냥꾼이 새끼 코끼리를 노리고 다가오면 엄마 코끼리들은 당장에 철벽 방어 태세로 들어간답니다. 집채만 한 엄마 코끼리들이 새끼들을 울타리처럼 에워싸고 커다란 엄니와 코를 휘두르며 "뿌우뿌우!" 하고 울부짖는 거예요.

아무리 눈치 없는 사냥꾼들도 이쯤 되면 기가 질려 돌아가 버려요. 자칫하다 단단한 뿔에 받히거나 커다란 발에 밟히기라도 하면 도리어 목숨을 잃을 수 있으니까요.

다친 새끼도 버리지 않아요

코끼리는 대개 20~30마리가 무리 지어 다녀요. 이렇게 많은 수가 함께 다니다 보면 다치거나 병든 새끼가 한두 마리씩 나오기 마련이지요. 동물들은 다치거나 병든 새끼를 버리는 경우가 많아요. 하지만 엄마 코끼리들은 아픈 새끼도 버리지 않는답니다.

실제로 아프리카의 한 코끼리 무리에 발을 다쳐 다리를 저는 새끼 코끼리가 있었어요. 이 새끼 코끼리는 강에서 목욕을 하고 둑을 올라갈 때마다 다친 다리 때문에 애를 먹었어요. 하지만 엄마

코끼리들은 이 새끼 코끼리를 버리지 않았어요. 날마다 꼬박 45분을 들여 새끼 코끼리를 둑 위로 끌어올렸지요.

새끼들을 위해서라면 온몸을 던져 싸우고, 어떤 불편도 기꺼이 감수하는 엄마 코끼리들. 이렇게 든든한 엄마들이 있는데 감히 누가 새끼 코끼리의 목숨을 넘볼 수 있을까요?

코끼리 발을 조심하세요

코끼리 발은 커다란 타원형을 이루고 있어요. 발바닥은 평평한데 긴 쪽의 너비가 50센티미터, 짧은 쪽의 너비가 40센티미터에 이르지요. 5000~7500킬로그램의 몸무게가 실린 이 커다란 발에 짓밟히면 어떻게 될까요? 웬만한 동물들은 목숨을 잃기 쉬울 거예요. 그래서 초원의 맹수들은 코끼리를 함부로 건드리지 못한답니다.

새끼를 돌보는 만능 코

물과 풀을 찾아 초원을 가로지를 때 새끼 코끼리가 무리에서 빠져나가면 엄마 코끼리는 코로 새끼 코끼리의 몸을 툭툭 쳐서 무리 안으로 들어오라고 해요. 그래도 말을 듣지 않으면 코로 자그마한 나무를 뽑아 새끼의 등을 때리기도 하지요. 엄마 코끼리는 코로 새끼들을 목욕시키기도 하고, 강기슭에서 강둑으로 밀어 올리기도 하며, 물살이 급한 강을 건널 때 도와주기도 한답니다.

젖을 먹여 새끼를 키우는 **포유동물들**

캥거루, 사자, 코끼리 같은 털 달린 짐승들은 알을 낳지 않고 새끼를 낳아요. 또 새끼가 태어나면 젖을 먹여 키우지요. 이런 동물들을 젖먹이 동물이라는 뜻으로 '포유동물'이라고 해요. 사람도 포유동물 가운데 한 무리에 속하지요.

포유동물들은 새나 물고기, 곤충 같은 동물들보다 새끼와 함께 보내는 기간이 길어요. 젖을 먹이는 동안에는 새끼와 떨어져 살 수 없기 때문이지요.

새끼와 함께 사는 동안, 부모는 새끼에게 먹이를 구하는 법과 위험을 피하는 법 등 험한 자연에서 살아남는 법을 직접 가르쳐 줍니다. 뿐만 아니라 새끼에게 위협이 닥치면 대부분 목숨을 걸고 맞서 싸운답니다. 사자나 호랑이 같은 무서운 육식 동물은 물론이고 자그마한 쥐나 풀을 먹고 사는 약한 초식 동물도 마찬가지예요.

포유동물들은 새나 물고기, 곤충보다 새끼를 적게 낳아요. 하지만 새끼를 이처럼 알뜰살뜰 보살피기 때문에 새끼가 어른이 될 때까지 살아남는 확률이 높습니다. 새끼를 낳아 젖을 먹여 기르는 특성도 새끼의 생존에 큰 도움을 줍니다. 험한 세상으로 무작정 던져지지 않고 한동안은 엄마 품에서 젖을 빨며 보호를 받기 때문에 굶주리거나 적의 공격을 받을 위험이 훨씬 적답니다.

하마: 소목 하마과

새끼를 등에 업고 다니는
하마

엄마, 살려 주세요

뙤약볕이 쨍쨍 내리쬐는 열대의 강물 속에서 하마들이 휴식을 취하고 있었어요. 물 위로 귀와 코를 내놓고 두 눈만 끔벅거릴 뿐, 아무도 움직이지 않았지요. 아무래도 모두 낮잠을 즐기고 있는 것 같았어요.

얼마 뒤에 새끼 하마 한 마리가 잠이 오지 않는지 엄마 곁에서 슬며시 빠져나왔어요. 그러자 맞은편 강기슭에서 커다란 악어 한 마리가 물속으로 쓰윽 잠수를 했어요.

사실, 그 악어는 새끼 하마가 무리에서 빠져나오기만 기다리고 있었어요. 그러다가 기회가 오자 순식간에 새끼 하마에게 다가갔지요. 새끼 하마는 그제야 위험을 깨닫고 겁에 질려 "부우부우!" 하고 다급하게 울어 댔어요. 순간, 엄마 하마가 달려와 새끼의 앞을 막아서고 악어를 노려보며 입을 쩍 벌렸어요.

새끼 하마를 잡아먹으려고 입을 쩍 벌리는 악어와, 새끼 하마를 지키려고 입을 쩍 벌리는 엄마 하마. 과연 이 싸움은 누구의 승리로 끝이 날까요?

뙤약볕이 싫어요

하마는 육지 동물 가운데 코끼리와 코뿔소 다음으로 몸집이 커요. 다 자라면 몸길이가 3.7~4.6미터, 몸무게가 3300~5000킬로그램에 이르지요.

하마는 해가 진 뒤 겨우 몇 시간만 땅 위로 올라와 풀을 뜯고, 낮에는 줄곧 물속에서 휴식을 취해요. 보기와 달리 피부가 약하기 때문이랍니다. 피부의 각질층(피부의 가장 바깥쪽을 덮은 세포의 층으로, 피부를 보호하고 몸에서 수분이 필요 이상 빠져나가지 않게 하는 역할을 한다)이 아주 얇아, 뙤약볕이 내리쬐는 땅 위에서는 몸의 수분을 잃기 쉽거든요.

하마는 눈, 코, 귀가 모두 머리의 윗부분에 있어 물에 몸을 담그고 있어도 보고 듣고 숨 쉬는 데 불편함이 없어요. 물속에서 빠르게 헤엄을 칠 수 있고 6분 동안이나 숨을 참고 잠수할 수도 있고요. 그러니 하마에게 물은 편안한 보금자리인 셈이에요.

그런데 새끼 하마는 어떨까요? 몸집이 어른의 4분의 1밖에 안 되는 새끼 하마에게도 물이 편안한 보금자리가 될 수 있을까요?

나는 물이 무서워

갓 태어난 새끼 하마는 힘이 없어 물속에서 헤엄을 치지 못해

하마

요. 그래서 새끼를 낳을 때가 되면 엄마 하마는 무리에서 떨어져 물 위나 얕은 물가로 나온답니다. 그리고 새끼를 낳아 젖을 먹여 키우다가 10~14일 뒤에 등에 태우고 무리로 돌아가지요.

처음 얼마 동안 새끼 하마는 젖 먹을 때를 제외하고는 늘 엄마 하마의 등에 올라가 있어요. 그러다 차츰 물에 적응이 되면 혼자 헤엄도 치고 잠수도 하지요.

이 무렵부터 엄마 하마는 걱정이 많아져요. 새끼들이 혼자 강을 돌아다니다가 악어를 만날까 봐 마음을 놓지 못하는 거예요.

악어는 하마처럼 아프리카의 강과 호수에서 살고 있어요. 그러다 보니 하마와 이웃으로 사는 경우가 많지요. 이 기분 나쁜 이웃은 평소에는 하마를 건드리지 않아요. 악어는 억세고 튼튼한 이빨로 사냥감을 물속으로 끌고 들어가 질식시켜 죽인 뒤에 잡아먹는데, 악어의 힘으로는 크고 무거운 하마를 물속으로 끌고 들어갈 수 없거든요.

하지만 새끼 하마는 작고 가볍고 물속에서도 20초 정도밖에 숨을 참을 수 없답니다. 악어가 물속으로 끌고 들어가기도 쉽고 잡아먹기도 쉬운 상대지요. 그래서 하마가 새끼를 낳아 기르는 시기만 되면 악어는 하마 무리한테서 눈을 떼지 않아요. 강기슭에서 햇볕을 쬐면서도, 시원한 강물 속에서 달아오른 몸을 식히면서도, 눈길이 늘 새끼 하마를 향하고 있지요. 새끼 하마가 엄마 곁에서 떠나기만을 기다리면서 말이에요.

　물론 악어는 기회를 쉽게 얻지 못해요. 엄마 하마가 새끼 하마를 늘 곁에 끼고 다니니까요. 이따금 겁 없는 악어가 새끼 하마를 노리고 다가올 때도 있어요. 그러면 엄마 하마는 새끼의 앞을 가로막고 커다란 입을 쩍 벌린답니다. 악어는 슬그머니 몸을 돌려 달아나고 말아요. 엄마 하마의 커다란 입속에는 길이가 50센티미터나 되는 크고 날카로운 송곳니가 돋아 있거든요. 이 무시무시한 송곳니에 찔리면 제아무리 두꺼운 갑옷을 입고 있는 악어도 살아남을 재간이 없기 때문이지요.

엄마 등은 편안한 섬

　하마는 육지 동물이면서 하루의 대부분을 물속에서 지내요. 그 탓에 엄마 하마는 새끼 하마가 물속 생활에 적응할 때까지, 그리고 물속 해적인 악어에 맞서 싸울 수 있을 만큼 송곳니가 자랄 때까지 새끼 하마를 등에 태우거나 곁에 끼고 다닌답

니다.

아직은 물이 무서운 새끼 하마에게 엄마 하마의 등은 편안한 섬일지도 몰라요. 새끼 하마는 그 섬에서 난생 처음 물 구경을 하고 물속 생활을 익히며, 때로는 그 섬으로 올라가 자신에게 닥쳐온 위험을 피하지요.

세상에서 가장 든든하고 편안한 이 보금자리 덕분에 새끼 하마는 오늘도 천진하게 물속을 탐험하며 다닐 수 있답니다.

하마가 피땀을 흘린다고?

하마는 땀을 흘리지 않아요. 대신에 피부에 있는 샘에서 기름 성분의 액체를 내보내 피부를 보호하지요. 이 액체가 분홍색을 띠기 때문에 하마가 피로 된 땀을 흘린다고 생각하는 사람들이 많답니다.

새끼 하마는 물속에서 어떻게 젖을 먹을까?

새끼 하마는 엄마 하마만큼 오래 숨을 참지 못해요. 엄마 젖을 빨 때는 코에 있는 마개로 콧구멍을 막고 귀를 머리에 찰싹 붙인 채 물속으로 들어가지요. 숨을 20초 정도밖에 참지 못하기 때문에 연거푸 잠수를 해야 한답니다.

 기린: 소목 기린과

새끼를 지키는 놀라운 발길질, 기린

새끼 기린이 위험해요

아프리카 초원 위로 아침 해가 떠오르자, 엄마 기린과 새끼 기린이 아카시아 숲으로 아침 식사를 하러 왔어요. 아카시아는 어린 가지와 잎을 날카로운 가시로 무장하고 있었지만, 엄마 기린과 새끼 기린은 기다란 혀로 가시를 싹싹 피하며 부드럽고 연한 어린 가지와 새잎을 잘 골라 먹었어요.

얼마 뒤, 새끼 기린이 엄마 곁을 떠나 새끼 기린들이 모여 있는 곳으로 갔어요. 그런데 이 일을 어쩌죠? 저 앞에 막 잠에서 깨어난 사자가 하품을 하고 있었답니다. 엄마 기린은 이 사실을 아는지 모르는지 계속 먹이만 먹고 있었어요. 근처에 사자가 있는데도 무서운 줄 모르고 돌아다니는 새끼 기린이 걱정이 되지도 않는 걸까요? 그러다가 사자에게 잡아먹히면 어떡하지요?

저희끼리 돌아다니는 새끼 기린

기린은 육지 동물 가운데 키가 가장 큰 동물이에요. 수컷의 경우 다 자라면 키가 5.5미터에 이르니까, 웬만한 2층 건물 높이와 맞먹을 정도지요. 기린은 목도 아주 길고, 혀도 45센티미터나 돼요. 그래서 기다란 목을 쭉 뻗어 높은 나뭇가지나 나무 꼭대기에 있는 아카시아 잎을 혀로 감고 훑어 먹는답니다.

기린은 힘자랑을 할 때도 긴 목을 이용해요. 번식기가 되면 수컷들이 암컷을 두고 곧잘 다투는데, 이때 긴 목을 맞대고 팔씨름을 하듯 눌러 이기는 쪽이 암컷을 차지하지요. 바로 이것이 '네킹'이라고 불리는 기린의 목씨름이랍니다.

싸움까지 벌이며 힘들여 암컷을 얻지만, 기린 수컷은 암컷과 오랫동안 함께 지내지 못해요. 짝짓기가 끝나면 암컷이 수컷에게 관심

기린

을 잃어버리기 때문이지요. 그래서 무리 속에 함께 있어도 남과 다름없이 지낸답니다.

　기린 암컷들은 새끼도 조용한 곳에 가서 혼자 낳아요. 한 배에 새끼를 한 마리 낳는데, 새끼도 무척 커서 갓 태어났을 때 키가 약 1.7미터나 되지요. 새끼 기린은 태어난 지 한 시간 만에 혼자 돌아다닐 수 있고, 한두 주가 지나면 다른 새끼들과 어울려 저희끼리 잘 돌아다녀요.

　그런데 엄마 기린은 대범한 걸까요, 아니면 무심한 걸까요? 사나운 맹수가 우글거리는 열대 초원에서 새끼들을 그렇게 내버려 두니 말이에요.

새끼를 지키는 발길질

　사자나 하이에나 같은 사냥꾼들은 사냥감의 목덜미를 물어 숨통을 끊어 놓고 잡아먹어요. 그런데 다 큰 기린은 키가 너무 크기 때문에 목덜미를 물 수 없답니다. 하지만 새끼 기린은 어깨 높이가 얼룩말과 비슷하고 힘도 약해서 맹수들이 마음만 먹으면 얼마든지 잡아먹을 수 있지요. 그런데도 엄마 기린은 왜 새끼들이 저희끼리 돌아다니도록 내버려 둘까요?

　엄마 기린은 새끼의 꽁무니를 졸졸 쫓아다니지 않아요. 그래서 언뜻 보면 새끼에게 통 관심이 없는 것 같지요. 하지만 몸으로 쫓아다니지 않을 뿐, 엄마 기린은 늘 눈으로 새끼의 뒤를 쫓고 있답니다.

열대 초원에서 엄마 기린의 눈을 가릴 만큼 높은 물체는 흔하지 않아요. 기껏해야 아카시아나무 정도인데, 엄마 기린은 아카시아나무 꼭대기의 잎사귀도 뜯어 먹을 수 있을 만큼 키가 크지요. 더구나 기린은 7~8킬로미터 앞도 훤히 내다볼 수 있을 만큼 눈이 좋답니다.

엄마 기린들은 초원에 흩어져 나뭇잎을 뜯어 먹으면서, 큰 키와 밝은 눈을 이용해 늘 새끼들이 무엇을 하고 있는지 확인해요. 그러다가 사자나 하이에나가 새끼들에게 다가오는 것을 발견하면, 단숨에 새끼들 앞으로 달려나가 맹수들에게 사정없이 발길질을 하지요.

기린의 억센 발굽에 걷어차이면 사냥꾼 동물들은 큰 부상을 입어 사냥을 못하게 되거나 목숨을 잃고 말아요. 그러니 기린의 발길질 앞에서는 사나운 맹수들도 몸을 사릴 수밖에 없지요. 엄마 기린의 발길질에 사냥꾼 동물이 놀라는 사이에, 새끼 기린들은 안전한 곳으로 몸을 숨길 수 있어요. 새끼들에게 무관심해 보이는 엄마 기린이지만, 알고 보면 이렇게 훌륭하게 새끼들을 지키고 있답니다.

엄마 기린의 사랑법

맹수를 걷어차는 엄마 기린을 보면 정말 세상에서 두려울 것이 없는 힘센 동물 같아요. 하지만 엄마 기린의 이런 행동은 아무렇지도 않게 할 수 있는 일이 아니랍니다. 발길질을 하다가 자칫 균형을 잃고 넘어지기라도 하면 맹수에게 목덜미를 물려 죽을 수도

있거든요. 하지만 엄마 기린은 이러한 위험에 아랑곳하지 않아요. 세상의 많은 엄마들이 그렇듯이 새끼를 지키기 위해서 위험 앞에 자기 목숨까지 내던지는 거예요.

물을 먹을 때 가장 위험해요

기린은 앞다리가 뒷다리보다 길어요. 그 탓에 물을 마시는 자세가 몹시 엉거주춤하답니다. 두 앞다리를 양 옆으로 벌리고 긴 목을 숙여 물을 마시기 때문에 뒤에서 급한 일이 있어도 바로 일어서지 못하지요. 이럴 때 사자가 공격해 오면 다 큰 기린도 꼼짝없이 당할 수밖에 없답니다.

침팬지: 영장목 성성잇과

평생 곁에서 새끼를 돌보는
침팬지

아직도 어리광을 부려요!

아프리카의 깊은 산속에서 엄마 침팬지가 새끼 침팬지를 품에 안고 이를 잡아 주고 있어요. 새끼 침팬지의 나이는 벌써 네 살이에요. 송아지나 망아지 같으면 벌써 다 자라서 새끼를 낳았을 나이지요. 그런데 이 새끼 침팬지는 아직도 엄마 품에 안겨 어리광을 부리고 있어요. 저러다가 버릇없고 나약한 침팬지로 자라면 어쩌려고 엄마 침팬지는 아직 새끼를 떼어 놓지 않는 걸까요?

성장이 느린 새끼 침팬지

침팬지는 다른 포유동물에 비해 성장이 느려요. 송아지나 망아지는 태어나자마자 벌떡 일어나서 걸어다니는데, 갓 태어난 새끼

침팬지는 혼자서는 아무것도 못 하지요. 갓 태어났을 때는 엄마 침팬지가 품에 안고 받쳐 주지 않으면 젖도 빨지 못해요.

그러다 보니 엄마 침팬지는 어린 새끼를 나 몰라라 하지 못한답니다. 갓 태어난 새끼는 품에 안고 잠을 재우며 한 시간에 한 번 이상 젖을 물리고, 네다섯 살이 되어 혼자 다닐 수 있을 만큼 자란 새끼도 등에 업고 다니며 보살펴 줍니다.

사실 엄마 침팬지는 새끼들에게 남다른 애정을 갖고 있답니다. 위험한 사냥꾼들이나 화가 난 수컷들로부터 공격받지 않도록 새끼 침팬지를 안전하게 보호하는 것은 물론이고, 새끼가 자기 손에 쥔 먹이를 빼앗아 가도 화를 내지 않아요. 엄마 침팬지는 새끼가 13~15살이 될 때까지 이렇게 한결같이 보살펴 주지요.

침팬지

엄마는 나의 가장 좋은 선생님

침팬지는 동물들 가운데 사람과 가장 가깝다고 알려져 있어요. 실제로 침팬지는 사람처럼 손이 발달되어 있고 사람과 비슷한 행동을 많이 한답니다. 돌로 단단한 나무 열매를 깨뜨리거나 나뭇가지로 흰개미를 잡는 등 도구를 이용하기도 하고, 편을 갈라 자기들끼리 전쟁을 치르기도 해요. 우리가 사회에서 살아가려면 배워야 할 것이 많듯이, 새끼 침팬지들도 침팬지 사회에서 살아가려면 배워야 할 것이 많아요. 그리고 그 모든 것을 새끼 침팬지는 엄마한테서 배운답니다.

엄마 침팬지가 새끼에게 가장 신경 써서 가르치는 것은 무리 안에서 지켜야 할 예절이에요. 침팬지 수컷들은 화가 나면 새끼들을 공격하는 경우가 많기 때문에, 나이가 많고 힘이 센 어른들 앞에서 어떻게 행동해야 하는지를 특히 신경 써서 가르친답니다. 또 침팬지 사회에서 서로 유대감을 기르는 데 중요한 역할을 하는 털 손질도 몸소 시범을 보이며 꾸준히 가르쳐 줍니다.

엄마 침팬지는 도구를 이용해 먹이를 구하는 방법도 세심하게 가르쳐 줘요. 예를 들어 흰개미 잡는 법을 가르칠 때 엄마 침팬지는 새끼를 흰개미 집 앞으로 데리고 가서 시범을 보여요. 나뭇가지를 다듬는 법, 흰개미 집에 다듬은 나뭇가지를 찔러 넣고 흰개미들이 기어 올라올 때까지 참을성 있게 기다리는 법, 흰개미들

이 나뭇가지를 타고 나오면 꺼내서 핥아 먹는 법을 새끼들 앞에서 몇 번이고 해 보이는 거예요. 그러고 나서 엄마 침팬지는 새끼 앞에 나뭇가지를 갖다 놓고 새끼 침팬지에게 직접 흰개미 사냥을 해 보게 해요. 그리고 새끼 침팬지가 제대로 해낼 때까지 끈기 있게 기다려 준답니다.

한결같은 사랑으로

엄마 침팬지의 따스한 보살핌과 훌륭한 가르침 아래 자라난 새끼 침팬지는 태어난 지 13~15년이 지나면 어엿한 청년이 되어 스스로 가정을 꾸려요. 그런데 새끼 침팬지들 중에는 독립한 뒤에도 엄마 곁을 떠나지 않는 새끼들이 많답니다. 침팬지는 복잡한 사회생활을 하기 때문에 자라서도 엄마의 지혜나 위로가 필요한 일이 많이 생기거든요. 그래서 엄마의 둥지 옆에 둥지를 틀고 살면서 필요할 때마다 가르침을 받고 위안을 얻는 거예요.

이렇게 친밀한 관계를 맺고 있기 때문에 엄마 침팬지가 죽으면 새끼 침팬지들은 몹시 스트레스를 받는다고 합니다. 먹는 것도 잊어버리고 엄마를 그리다가 병을 앓는 경우도 있다고 해요.

날마다 둥지를 짓는 침팬지

침팬지는 이 나무에서 저 나무로 이리저리 옮겨 다니며 나무 열매와 잎, 씨앗 등을 따 먹고 잠도 나무 위에서 자요. 그리고 이동 생활을 하기 때문에 날마다 둥지를 새로 짓지요. 새끼 침팬지는 엄마와 함께 살면서 나뭇가지나 잎으로 둥지를 짓는 법도 배운답니다.

코알라: 유대목 코알라과

똥을 먹여 새끼를 키우는
코알라

코알라야, 왜 엄마 똥을 먹니?

키 큰 유칼립투스 나무들이 하늘을 향해 가지를 죽죽 뻗고 있는 오스트레일리아의 숲 지대. 나무 위에서 코알라 한 마리가 굵은 나무줄기에 등을 기댄 채 앉아서 쉬고 있었어요. 그때 코알라의 배에서 주머니가 열리더니 새끼 코알라가 고개를 쏙 내밀었어요. 코알라도 캥거루처럼 배에 육아낭이 있어 그곳에 새끼를 넣어 키우거든요.

그런데 맙소사! 주머니에서 나온 새끼 코알라가 엄마 코알라의 똥구멍에 입을 대고 배설물을 냠냠 핥아 먹는 거예요. 새끼 코알라는 엄마의 똥이 맛있을까요? 하고많은 먹이 중에 왜 하필 엄마의 똥을 먹는 걸까요?

입맛 까다로운 녀석

자그마한 몸집에 커다란 귀, 단추처럼 까만 눈을 가진 코알라는 작고 앙증맞은 생김새 덕분에 전 세계 사람들의 사랑을 받고 있어요. 그러나 코알라는 오스트레일리아를 떠나서는 잘 살지 못한답니다. 식성이 엄청나게 까다롭기 때문이에요.

코알라는 주로 나무 위에서 생활하는데, 코알라가 사는 나무가 바로 유칼립투스예요. 코알라는 유칼립투스의 잎만 먹고 살 수 있어요. 그것도 오스트레일리아에서만 자라는 몇 가지 유칼립투

코알라

스 잎만 골라 먹는답니다. 그러다 보니 오스트레일리아 밖에서는 코알라를 기르기가 몹시 힘들어요. 다른 나라 사람들이 유칼립투스 잎을 오스트레일리아에서 계속 사들이려면 비용이 너무 많이 들거든요.

그런데 세상에서 유칼립투스의 잎을 먹고 사는 동물은 오직 코알라뿐이랍니다. 유칼립투스의 잎은 셀룰로오스(섬유소)가 많아 질기고 소화하기 어렵거든요. 심지어 동물들에게 해로운 독까지

들어 있고요.

그런데 코알라는 어떻게 이 질기고 독한 유칼립투스를 먹는 걸까요?

그건 바로 코알라의 간에서 유칼립투스의 독성을 없애 주는 화학 물질이 흘러나오기 때문이에요. 또 코알라의 맹장에는 셀룰로오스를 양분으로 분해해 주는 세균들이 살고 있고요. 덕분에 코알라는 질기고 독한 유칼립투스 잎을 먹고도 끄떡없이 살 수 있답니다.

그런데 어찌된 까닭일까요? 엄마 젖을 갓 뗀 새끼 코알라는 유칼립투스 잎을 소화하지 못한답니다. 엄마 코알라가 새끼 코알라에게 자기 똥을 먹이는 까닭은 여기에 있어요.

세상에서 가장 좋은 이유식

코알라는 캥거루와 같은 유대류에 들어가요. 캥거루처럼 암컷이 새끼를 가져도 태반이 생기지 않지요. 그 탓에 새끼 코알라는 2센티미터밖에 안 되는 작은 몸에, 눈과 귀도 온전하지 못한 상태로 태어납니다.

엄마 코알라는 이런 새끼를 육아낭에 넣어 젖을 먹여 키우지요. 이윽고 22주 정도가 지나면, 새끼 코알라는 온전히 자라나 바깥세상을 향해 드디어 고개를 내민답니다.

하지만 새끼 코알라는 아직 엄마의 육아낭을 떠날 수가 없어요. 엄마 품을 떠나서 살아가려면 엄마 젖 대신 다른 먹이를 먹을 수 있어야 하는데, 새끼 코알라는 유칼립투스 잎을 먹어도 바로 소화하지 못하거든요. 엄마 젖을 뗀 아기가 한동안 이유식을 먹듯이, 새끼 코알라도 유칼립투스 잎을 먹으려면 한동안 이유식을 먹어야 해요.

그런데 새끼 코알라의 이유식으로는 엄마 코알라의 똥만 한 것이 없답니다. 왜냐고요?

엄마 코알라는 세균이 분해해 준 셀룰로오스를 20퍼센트 정도만 흡수하고 나머지는 모두 똥으로 내보내거든요. 그래서 엄마 코알라의 똥에는 새끼가 이용할 수 있는 영양분이 풍부하답니다. 더구나 엄마 코알라의 똥은 질긴 셀룰로오스가 분해된 상태로 죽처럼 묽게 흘러나오기 때문에 새끼 코알라가 소화하기에 부담이 없어요.

무엇보다, 엄마 코알라의 똥을 계속 먹으면 새끼 코알라는 곧 유칼립투스 잎을 먹을 수 있게 된답니다. 똥을 핥아 먹는 사이에 엄마의 맹장에 있던 셀룰로오스를 분해하는 세균들이 새끼의 몸속으로 옮겨지게 되거든요.

똥을 싸는 기쁨

엄마 코알라의 똥을 핥아 먹고 자란 새끼 코알라는 토실토실 살이 오르고 셀룰로오스를 분해하는 세균까지 얻어 결국 유칼립투스 잎을 먹을 수 있게 돼요. 그러니 엄마 코알라는 똥을 눌 때마다 얼마나 뿌듯할까요? 똥을 싸는 것만으로도 후련한데 새끼에게 줄 이유식까지 생기니 말이에요.

물을 먹지 않아요

'코알라'라는 이름은 '물을 마시지 않는다'는 뜻의 오스트레일리아 원주민의 말, 굴라(gula)에서 비롯되었다고 해요. 사실 코알라는 이름의 뜻처럼 물을 따로 마시지 않는답니다. 필요한 수분을 모두 유칼립투스 잎과 이슬에서 얻기 때문이지요. 그래서 코알라는 물을 먹으러 땅으로 내려오는 일도 거의 없답니다.

잠꾸러기 코알라

초식 동물들은 먹이를 아주 많이 먹어요. 풀과 나뭇잎에는 영양분이 많지 않기 때문이지요. 그런데 코알라는 유칼립투스 잎을 많이 먹지는 않아요. 대신 하루에 20시간 가까이 잠을 자고 최대한 움직이지 않으면서 에너지를 아낀답니다. 코알라의 수명이 보통 15년 정도라는 것을 고려하면, 총 12년 이상을 자는 데 쓰는 셈이에요.

새들의 새끼 사랑

가슴에 물을 적셔 와서
알을 식히는 **악어새**

 매서운 추위 속에서
알을 품는 아빠 **황제펭귄**

다친 시늉을 해 새끼를 구하는 **꼬마물떼새**

 젖을 먹여 새끼를 키우는 **비둘기**

새끼를 지키기 위해
비행기한테도 덤벼드는 아빠 **레아**

 하루에 100번 이상
먹이를 물어 나르는 **제비**

악어새: 황새목 제비물떼샛과

가슴에 물을 적셔 와서 알을 식히는
악어새

무서운 악어 앞에서……

커다란 악어들이 나른하게 하품을 하는 강기슭에 자그마한 새 한 마리가 나타났어요. 새는 악어가 무섭지도 않은지, 악어 곁을 총총 지나 물속으로 들어갔어요. 그러더니 배의 깃털에 물을 적시고 나와 다시 악어 곁을 지나갔지요. 대체 이 새는 무엇을 하고 있던 걸까요? 그것도 무시무시한 악어 앞에서 말이에요.

나는 악어의 친구랍니다

악어 옆을 겁 없이 지나다니는 이 이상한 새는 악어새예요. 아프리카의 강가나 물가, 호숫가에

악어새

사는 작고 아름다운 새이지요. 그런데 고운 생김새에 어울리지 않게 악어새는 악어의 몸에서 기생충을 잡아먹어요. 악어새라는 이름도 그래서 붙었답니다.
악어새는 꼬마물떼새처럼 탁 트인 물가 모래밭에 알을 낳아요. 알과 어린 새끼가 보호색을 띠어 눈에 잘 안 띄거든요. 사냥하러 갈 때는 둥지를 모래로 덮어 알을 숨기기도 해요.
그런데 세상에는 악어새의 보호색으로도 막을 수 없는 적이 있어요. 바로 열대 초원을 뜨겁게 달구는 뙤약볕이랍니다.

배에 물을 머금고, 가슴에 기쁨을 머금고

새의 알을 부화시키려면 늘 33도 정도의 온도를 유지해 주어야 해요. 이보다 낮거나 높은 온도에서는 새끼가 성장을 멈추거나 알이 썩고 말아요. 그런데 악어새는 뙤약볕이 쨍쨍 내리쬐는 물가에서 살아요. 엄마 악어새의 가장 큰 고민도 바로 이 뙤약볕이에요. 뜨거운 볕에 익어 가는 알이나 목이 말라 입을 쩍쩍 벌리는 새끼들을 볼 때마다 엄마 악어새는 속이 타 들어가요.

악어새는 물가에서 작은 벌레들을 잡아먹지만 물속으로 깊이 들어가지는 않아요. 헤엄을 치지 못할 뿐만 아니라 깃털이 젖으면 날지 못할 수도 있거든요. 그런데 알과 새끼를 둔 악어새는 이러한 위험에 아랑곳하지 않는답니다. 볕이 따가워지면 몇 번이고 깃털을 적셔 와서 알과 어린 새끼들의 몸을 식혀 주지요.

얘들아, 엄마 품에서 더위를 식히렴

엄마 악어새가 몸을 흠뻑 적셔 오면 새끼들은 엄마의 가슴팍에 몸을 비비며 더위를 식히고 부리로 엄마의 가슴털을 훑어 갈증을 달래요. 이렇게 새끼들을 위해 엄마 악어새는 볕이 따가워지면 다리가 뻐근해지도록 물가와 둥지 사이를 오간답니다.

둥지를 짓지 않는 물떼새

악어새는 물가에 사는 물떼새의 한 종류로 '검은등제비물떼새'라고도 해요. 꼬마물떼새와는 먼 친척이라고 할 수 있지요. 그런데 악어새나 꼬마물떼새 같은 물떼새류는 대부분 둥지를 짓지 않고 땅에 그냥 알을 낳는답니다. 알과 어린 새끼들이 모두 보호색을 띠고 있어 물가의 모래밭이나 자갈밭에서 눈에 잘 띄지 않기 때문이에요.

펭귄: 펭귄목 펭귄과

매서운 추위 속에서 알을 품는 아빠
황제펭귄

이상한 걸음걸이

남극에 겨울이 시작되는 4월 말, 깎아지른 듯한 얼음 절벽이 매서운 바람을 막아 주는 빙판 위에 황제펭귄들이 하나둘 모여들었어요. 펭귄은 몸에 비해 다리가 짧아 평소에도 걸음걸이가 우스꽝스러워요. 그런데 오늘따라 걷는 꼴이 더욱 이상했답니다. 뒤뚱뒤뚱, 어기적어기적. 발을 내딛는 모습이 이만저만 조심스러운 것이 아니었어요. 어디를 다치기라도 한 것일까요?

알고 보니, 황제펭귄들은 발 위에 뭔가를 올려놓고 있었어요. 하얀 빛깔을 띤 타원형의 물체, 바로 알이었지요. 알을 깨뜨리지 않으려고 황제펭귄은 그렇게 이상하게 걸었던 거예요.

그런데 다른 펭귄들이 모두 추위를 피해 떠난 이 시기에 황제펭귄은 알을 가지고 무엇을 하는 걸까요?

추운 겨울에 알을 품는 황제펭귄

황제펭귄은 펭귄 가운데 가장 몸집이 커요. 다 자라면 키가 120센티미터에 이르고 몸무게도 20~45킬로그램이나 나가지요. 남극 주위의 바다에서 물고기와 오징어를 잡아먹고 사는데, 날지는 못해도 헤엄은 무척 잘 친답니다. 한 시간에 8~15킬로미터를 헤엄쳐 갈 수 있고, 숨을 참고 18분 동안 잠수할 수 있어요. 또 수면에서 약 520미터 깊이까지 잠수해 들어갈 수 있지요.

그런데 황제펭귄에게는 아주 독특한 습성이 하나 있어요. 남극에 사는 다른 펭귄들은 먹이가 풍부한 여름에 짝짓기를 하고 알을 낳는데, 황제펭귄은 다른 펭귄들이 추위를 피해 남극을 떠나는 겨울에 짝짓기를 하고 알을 낳는답니다. 왜 그럴까요?

황제펭귄의 알이 부화하는 데는 약 3개월이 걸리고, 알에서 깨어난 새끼들이 빙판 위에서 먹이를 받아먹으며 자라는 기간은 약 40일 정도예요. 그러고 나면 새끼 황제펭귄들은 부모 황제펭귄만큼 커져서 바다로 나가 스스로 먹이를 잡아먹지요. 그런데 추운 겨

황제펭귄

울에 짝짓기를 하고 알을 품으면 먹이가 풍부해지는 여름에 새끼들이 독립할 수 있게 돼요. 덕분에 겨울에 독립하는 새들보다 나은 환경에서 생활할 수 있지요. 황제펭귄들은 새끼들이 좀 더 좋은 환경에서 독립할 수 있게 하려고 겨울에 알을 낳는 거예요.

하지만 지구상에서 가장 추운 대륙인 남극에서, 그것도 추운 겨울에 알을 품으려면 이만저만 고생이 아닐 텐데, 황제펭귄은 어떻게 이 힘든 일을 해내는 걸까요?

아빠가 알을 품어요

남극은 겨울철에 평균 기온이 영하 40도를 밑돌아요. 게다가 바람이 거세게 불고 눈보라가 치는 날이 많아 체감 온도는 훨씬 더 떨어지지요. 황제펭귄은 이렇게 혹독한 환경에서 알을 품는답니다. 그것도 아빠 황제펭귄이 혼자서 말이지요. 엄마 황제펭귄은 알을 낳고 나면 앞으로 깨어날 새끼를 위해 바다로 먹이를 구하러 나가거든요.

그런데 황제펭귄은 사방이 얼음으로 뒤덮인 추운 남극에서 어떻게 알을 품을까요?

남극의 겨울은 기온이 너무 낮기 때문에 바깥 공기를 쐬면 알이 금세 얼어붙고 말아요. 그래서 아빠 황제펭귄은 알을 발 위에 올려놓고 늘어진 뱃가죽으로 알을 포옥 감싸 차가운 바깥 공기가 닿지 못하게 한답니다. 그리고 바람막이가 되어 줄 얼음 절벽 밑으로 수천 마리가 모여들어요. 모여 있으면 혼자 있을 때보다 바깥 공기에 체온을 훨씬 덜 빼앗기기 때문이에요.

아빠 황제펭귄들은 이렇게 알을 품기 시작해서 약 2개월 동안 남극의 매서운 추위와 바람, 눈보라를 이기며 선 채로 알을 품습니다. 또 알을 품는 동안에는 아무것도 먹지 못한답니다. 차가운 얼음판 위에 알을 두고 사냥을 하러 가면, 알이 단박에 얼어붙어 깨지고 마니까요.

아빠 황제펭귄에게 일어난 기적

새끼들이 알을 깨고 나올 무렵이 되면 아빠 황제펭귄은 몸무게가 절반 정도 줄어 있어요. 2개월 동안 아무것도 먹지 못한 채 남극의 혹독한 겨울 기후와 맞서 싸우며 알을 품는 데에만 매달렸기 때문이지요.

엄마 황제펭귄은 바로 이 무렵에 남편과 새끼가 있는 곳으로 돌아온답니다. 새끼에게 줄 물고기며 오징어를 모이주머니에 가득 채워 가지고 말이에요.

그러면 아빠 황제펭귄은 아내에게 새끼를 넘겨주고 휘청휘청 바다로 나가요. 하지만 아빠 황제펭귄의 고단한 임무는 이것으로 끝이 아니랍니다. 이제 아빠 황제펭귄은 새끼에게 줄 먹이를 모이주머니에 채워 와서 아내와 교대를 해야 해요. 새끼 황제펭귄

들은 알에서 깨어난 뒤 40~50일 동안 부모한테서 먹이를 받아먹으며 자라거든요.

　나무와 풀도 자라지 못하는 세상에서 가장 추운 땅, 남극. 그러나 새끼를 위하는 황제펭귄의 따뜻한 사랑이 계속되는 한 남극은 마냥 춥기만 한 곳은 아닐 거예요.

황제펭귄은 동상에 안 걸릴까?

사람은 추운 곳에 가면 체온이 떨어지는 것을 막기 위해 혈관이 수축해요. 그 탓에 바깥 공기와 직접 맞닿는 부분까지 혈액이 잘 공급되지 않지요. 그래서 사람은 동상에 쉽게 걸려요. 새들은 추운 곳에서도 사람처럼 혈관이 수축하지 않아요. 덕분에 몸 구석구석까지 따뜻한 피가 계속 공급되지요. 그래서 새들은 좀처럼 동상에 걸리지 않아요. 더욱이 황제펭귄은 발의 피부가 아주 두꺼워서 빙판의 차가운 기운이 혈관까지 닿지 못하지요. 그래서 황제펭귄은 동상에 걸릴 위험이 거의 없답니다.

 깊이 들여다보기

지구에서 가장 추운 대륙, 남극

남극은 지구에서 가장 남쪽에 있는 곳이에요. 북쪽 끝에 있는 북극은 바닷물이 얼어 이루어진 커다란 얼음덩어리이지만, 남극은 커다란 대륙이랍니다. 1년 내내 얼음이 녹지 않는 지역까지 합치면 넓이가 유럽 대륙보다 넓지요.

남극에서는 오랫동안 사람이 살지 않았어요. 다른 대륙에서 너무 멀리 떨어져 있는 데다, 자연환경이 너무 혹독하기 때문이에요.

남극은 지구에서 가장 추운 곳이에요. 한 해의 평균 기온이 영하 23도이고, 겨울에는 영하 40도를 밑돌 때가 많지요. 1983년에는 남극 대륙 안쪽 고원지대의 기온이 영하 89.6도로 측정되었어요. 2013년에는 미국의 한 연구팀이 영하 98도까지 기온이 떨어졌다고 추정했고요. 남극은 바람도 매우 거세답니다. 해안 지대에는 초속 20미터 빠르기의 바람이 1년 내내 불고, 이따금 몇 미터 앞도 보이지 않는 거센 눈보라가 며칠 동안 계속되기도 하지요.

이렇게 혹독한 날씨 때문에 남극에서는 나무가 자라지 못해요. 짧은 여름에 꽃 피는 식물 두 종류와 이끼류가 잠깐 자랄 뿐이지요. 그러나 남극의 바다에는 영양분이 풍부해 아주 다양한 생물들이 살고 있답니다. 플랑크톤부터 플랑크톤을 먹고 사는 크릴새우, 크릴새우를 먹고 사는 흰긴수염고래까지 다양한 생물들이 살고 있어요. 펭귄과 물범들도 남극에 깃들여 살면서 바다로 먹이 사냥을 하러 나온답니다.

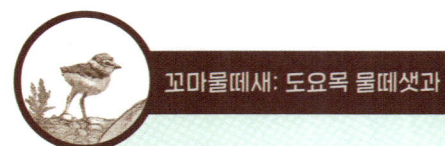

꼬마물떼새: 도요목 물떼샛과

다친 시늉을 해 새끼를 구하는
꼬마물떼새

강가에 알을 낳는 새

　자갈이 얼룩덜룩 깔린 강가에 얼룩덜룩한 깃털을 가진 조그만 새 한 마리가 날아들었어요. 새는 총총거리며 뛰어가 두리번두리번 주위를 살피더니, 또다시 총총 뛰다가 고개를 까딱거렸어요. 꼭 뭔가를 찾고 있는 것 같았어요.
　이윽고 새는 한쪽으로 포르르 날아갔어요. 그러더니 그곳에 주저앉아 한참 동안 끙끙거렸답니다.

다음 순간, 새는 강가의 모래나 자갈처럼 얼룩덜룩한 무늬를 가진 조그만 알을 네 개 낳았어요.

이 새는 알 낳을 곳을 찾느라 그렇게 두리번거렸던 거예요. 하지만 이곳은 사방이 훤히 뚫린 강가인데 이런 곳에 알을 낳아 두면 위험하지 않을까요?

훤한 물가에 둥지를 틀면 어떻게 해?

사방이 훤히 트인 강가에 알을 낳은 이 배짱 좋은 새는 꼬마물떼새예요.

꼬마물떼새는 봄에 우리나라를 찾아와서 가을까지 머무르다 가는 철새예요. 몸집은 참새보다 조금 크고 강가나 바닷가, 호숫가에서 작은 벌레들을 잡아먹지요.

꼬마물떼새는 4월 하순부터 7월 상순 사이에 3~5개의 알을 낳아요. 그런데 방패막이가 될 만한 것이 하나도 없는 물가의 자갈밭이나 모래밭에 알을 낳는답니다.

새들은 보통 알을 낳고 새끼를 기를 때가 되면 되도록 안전한 곳에 둥지를 지으려고 해요. 새의 알과 어린 새끼는 스스로를 지킬 힘이 없기 때문이에요. 적의 침입을 막기 위해 깎아지른 듯한 절벽의 바위나 사람이 사는 집 처마 밑에 둥지를 트는 새도 있어요. 그런데 꼬마물떼새는 무슨 배짱으로 사방이 훤히 트인 물가에 알을 낳는 걸까요?

꼬마물떼새는 다 자란 어른 새나 어린 새끼는 물론이고 알까지 보호색을 띠고 있어요. 알은 조약돌 크기에 자갈이나 모래 무늬를 하고 있고, 어린 새끼도 자갈이나 모래 무늬가 있는 깃털이 나 있지요. 덕분에 꼬마물떼새의 알과 새끼들은 강가 자갈밭이나 모래밭에 있으면 찾아내기가 힘들어요. 그래서 꼬마물떼새는 탁 트인 강가에 배짱 좋게 알을 낳는 거랍니다.

걱정 마라, 아가야! 엄마가 간다!

새끼 꼬마물떼새는 솜깃털이 다 자란 상태로 알에서 깨어나고, 곧바로 일어나 걸어다닐 수 있어요. 깃털만 마르면 엄마 뒤를 따라다니며 먹이 잡는 법을 배운답니다.

꼬마물떼새 가족에게 정말로 큰 위험이 닥치는 것은 이때부터예요. 꼬마물떼새의 훌륭한 보호색도 움직이고 있을 때는 큰 효과가 없거든요. 스스로 움직이는 돌이나 자갈은 없으니까요.

그런데 새끼들이 사냥꾼의 위협을 받게 되면 엄마 꼬마물떼새는 눈물겨운 사랑을 선보인답니다. 새끼가 달아날 시간을 벌어 주기 위해 스스로 미끼가 되어 목숨을 걸고 사냥꾼을 유인하는 거예요.

새끼들에게 사냥꾼이 다가오면 엄마 꼬마물떼새는 먼저 "삐유, 삐유." 하고 날카로운 소리로 울어 대요. 그래서 사냥꾼들이 자기 쪽을 바라보면, 한 날개를 늘어뜨리거나 다리를 절면서 다친 시늉을 하지요. 더 크고 먹음직스러운 사냥감이, 더구나 다쳐서 잘 움직이지도 못하는 사냥감이 나타났는데 마다할 사냥꾼이 있을까요?

사냥꾼이 자기 쪽으로 다가오면 엄마 꼬마물떼새는 더욱 실감나게 연기를 해요. 푸드득 비틀, 푸드득 비틀, 다친 척 달아나면서 잡힐 듯 잡힐듯 끝내 잡히지 않는 거예요. 그러면 사냥꾼은 애가 타서 더욱 정신없이

꼬마물떼새

엄마 꼬마물떼새를 쫓아가지요.

엄마 꼬마물떼새는 새끼들이 아득히 멀어질 때까지 이런 행동을

되풀이해요. 새끼들이 안전한 곳에 몸을 숨겼겠다 싶을 무렵이 되어서야 자기도 날개를 펼치고 날아올라 위험에서 벗어난답니다.

목숨까지 바치는 사랑

꼬마물떼새는 작은 새지만 스스로 미끼가 되어 알과 새끼를 지킬 만큼 큰 사랑을 품고 있어요. 아무리 새끼를 위해서라고는 하지만 그 조그만 새가 위험 앞에 스스로를 내던질 때 얼마나 심장이 터질듯이 뛰겠어요? 그래서 부모의 사랑은 바다보다 깊고 하늘보다 높다고 하는 건지도 몰라요.

둥지보다 훌륭한 방패막이, 보호색

동물들 중에는 몸빛이 주위 환경과 비슷해서 쉽게 눈에 띄지 않는 것들이 있어요. 보호색이란 바로 이런 동물의 몸빛을 가리키는 말이에요. 보호색을 띤 동물들은 눈에 잘 띄지 않기 때문에 다른 동물의 공격을 받을 위험이 적답니다.

비둘기: 비둘기목 비둘깃과

젖을 먹여 새끼를 키우는
비둘기

독특한 습성을 가진 비둘기

　비둘기는 도시의 넓은 광장이나 공원에서 쉽게 만날 수 있는 친근한 새예요. 모이를 뿌려 주면 수십 마리가 우르르 몰려와 콕콕 쪼아 먹지요. 비둘기는 곡식도 잘 먹고, 과자 부스러기도 잘 먹고, 과일 껍질도 잘 먹어요. 그런데 비둘기한테는 우리가 잘 모르는 아주 독특한 습성이 있답니다. 포유동물도 아니면서 젖을 먹여 새끼를 키우는 거예요. 대체 어떻게 된 일일까요?

뭘 좀 먹어야 할 텐데

　비둘기는 부부 사이가 참 좋아요. 새들은 평생 같은 짝과 사는 경우가 드문데 비둘기는 암컷과 수컷이 한번 짝을 지으면 평생 함께 살아가지요.

　비둘기 부부는 둥지도 오순도순 함께 지어요. 수컷이 이곳저곳으로 날아다니며 풀줄기나 부러진 나뭇가지 따위를 물어 오면, 암컷은 이 재료들을 차곡차곡 쌓아 나무 위에 둥지를 만들지요.

　보금자리가 마련되면, 비둘기 부부는 알을 한두 개 낳고 사이좋게 번갈아 품어요. 알을 품기 시작한 지 14~19일 뒤면 새끼 비둘기가 깨어나지요. 갓 부화한 새끼 비둘기는 깃털도 없고 앞도 보지 못하며 제힘으로 몸을 가누지도 못한답니다. 뿐만 아니라 풀씨나 나무 열매 같은 딱딱한 먹이를 전혀 소화하지 못하지요. 그럼 무엇을 먹고 사느냐고요? 바로 엄마 아빠가 주는 젖을 먹고 산답니다. 엄마 아빠의 입속으로 부리를 밀어 넣고 하얀 젖을 빨아 먹는 거예요!

새한테서 젖이 나온다고?

보통 새들은 새끼에게 젖을 먹이지 않아요. 새들에게는 포유동물의 젖과 같은 신체 기관이 없거든요. 비둘기의 젖도 포유동물처럼 젖에서 나오는 것이 아니라 모이주머니에서 나오지요. 그래서 아빠 비둘기도 젖을 줄 수 있어요.

모이주머니는 새의 몸속에 있는 소화 기관의 일부로, 음식물을 임시로 저장하는 일을 해요. 비둘기가 알을 품을 때면 이 모이주머니의 안쪽 벽이 점점 두꺼워지다가 새끼가 깨어나면 이곳에서 하얀 액체가 흘러나와요. 이 액체가 바로 '비둘기 젖'이에요.

비둘기 젖은 빛깔뿐 아니라 성분도 포유동물의 젖과 비슷하답니다. 단백질, 지방, 미네랄, 비타민 같은 영양분이 골고루 들어 있어 새끼의 성장을 돕고, 수분이 많아 소화 기관이 약한 새끼들도 쉽게 흡수할 수 있지요.

이렇게 훌륭한 젖을 받아먹기 때문일까요? 새끼 비둘기는 아주 빨리 자란답니다. 부화한 지 약 10일이 지나면 곡식의 낟알이나 풀잎 같은 딱딱한 열매를 먹고, 한 달 정도 지나면 날 수도 있지요.

행복한 새끼 비둘기

새끼를 위해 부모가 할 수 있는 일은 과연 어디까지일까요? 새의 몸을 하고도 젖을 만드는 비둘기들을 보면 놀랍기도 해요. 어쨌거나 새끼 비둘기들은 참 행복할 거예요. 배가 고프면 엄마는 물론이고 아빠한테서도 젖을 받아먹을 수 있으니 말이에요.

비둘기

물을 빨아 먹는 비둘기

새들은 대개 사람처럼 물을 빨아 먹지 못해요. 부리로 물을 떠올린 다음 부리 끝을 치켜들어 목구멍으로 물을 넘기지요. 그 탓에 새들은 물을 한 모금 마실 때마다 고개를 뒤로 젖혀야 해요. 그런데 비둘기는 고개를 젖히지 않고도 물을 마실 수 있어요. 새들 가운데 유일하게 부리로 물을 빨아 먹는 능력을 타고났기 때문이랍니다.

 레아: 타조목 레아과

새끼를 지키기 위해 비행기한테도 덤벼드는 아빠
레아

날지 못하는 새

레아는 남아메리카의 초원 지대에 사는 커다란 새예요. 다 자라면 키가 1.2미터가 넘고, 몸무게는 22킬로그램 이상 나가지요. 몸집이 너무 크기 때문일까요? 레아는 새인데도 날지 못해요.

그래서 '아메리카 타조'라고도 불린답니다.

레아도 타조처럼 길고 튼튼한 다리로 초원을 돌아다니며 살아요. 그런데 번식기를 맞은 레아들을 살펴보면 이상한 점이 하나 있어요. 엄마들이 모두 어디로 갔는지 아빠 레아 혼자서 어린 새끼 수십 마리를 데리고 다니는 거예요. 왜 아빠 레아는 새끼들을 혼자 돌보는 걸까요?

이 많은 알을 나더러 어쩌라고?

레아

산과 들에 파릇파릇 새싹이 돋기 시작하면, 레아의 가슴에는 사랑의 바람이 불어옵니다. 번식기를 맞은 암컷과 수컷들이 부지런히 짝을 찾아다니지요. 이 계절에 특히 분주한 것은 수컷들이랍니다.

레아의 수컷은 암컷을 유혹할 때 날개를 펼쳐 우람한 몸매를 뽐내요. 짝짓기 철이 되면 날개를 접고 있을 때가 거의 없답니다. 한 암컷과 짝짓기를 하고는 또다시 날개를 흔들며 다른 암컷을 찾아 나서는 거예요. 레아는 수컷 하나가 여러 암컷을 거느리거든요.

바람둥이 남편이 못 미더워서일까요? 레아 암컷들은 짝짓기를 마치면 알을 낳고 수컷에게 준 뒤에 훌쩍 떠나 버려요. 암컷들이 일주일 동안 하루에 하나씩 알을 낳으니, 결국 수컷들은 몇십 개의 알을 혼자 떠맡게 되지요. 이렇게 알을 떠맡은 레아 수컷들은 새끼들에게 더없이 믿음직한 아빠가 된답니다.

바람둥이 아빠의 정성스러운 새끼 돌보기

아빠 레아는 짝짓기를 하고 나면 땅에 야트막하게 구덩이를 파고 나뭇가지와 풀줄기를 둘러쳐 커다란 둥지를 만듭니다. 그러고는 아내들이 낳은 알을 조심스럽게 둥지로 옮겨 놓고 알을 품기 시작하지요. 이때 아빠 레아는 엄마 새들처럼 한 번씩 일어나서 부리로 알을 살짝살짝 굴려 놓곤 해요. 알의 위치를 자주 바꿔 주어야 알 전체에 온기가 골고루 전해져 부화가 된다는 사실을 알고 있기 때문이지요.

아빠 레아가 알을 품은 지 6주가 지나면 새끼들이 하나둘 알을 깨고 나와요. 새끼 레아들은 부화하자마자 일어서서 돌아다닐 수 있지만, 아빠 레아는 위험한 초원을 새끼들이 혼자 돌아다니게

놔두지 않는답니다. 마지막 알이 부화할 때까지 새끼들을 모두 품고 있다가, 함께 데리고 다니며 위험으로부터 보호하지요.

그뿐이 아니에요. 레아는 어른이 되어서는 풀을 먹지만 어려서는 곤충을 먹어요. 아빠 레아는 새끼들을 데리고 다니면서 어디에 가야 곤충이 많은지, 어떤 곤충은 먹을 수 있고 어떤 곤충  은 먹을 수 없는지도 알려 준답니다. 또 새끼들이 밤이슬을 맞지 않도록 밤마다 따뜻하게 깃털로 품고 자고, 바람이 거세게 불면 바람이 불어오는 방향으로 몸을 틀어 바람막이도 되어 주지요.

새끼들과 함께 있을 때 누가 다가오면 아빠 레아는 앞뒤 가리지 않고 달려가서 발길질을 해요. 그런데 새끼를 아끼는 마음이 어찌나 강한지, 달리는 자동차나 경비행기에 달려들어 크게 다치거나 목숨을 잃기도 한답니다. 그야말로 목숨을 걸고 새끼들을 지키는 거예요.

새끼 키우는 일만큼 즐거운 일이 또 있을까?

엄마 레아들은 가을까지 남편과 새끼들을 버려두고 초원을 떠돌아다녀요. 그러다가 찬바람이 불면 가족들이 있는 곳으로 돌아와 함께 지내지요. 마침내 돌아온 아내들을 보고 아빠 레아는 어떤 표정을 지을까요? "잘 봐. 엄마 없이도 튼튼하고 씩씩하게 잘 자랐지?" 하고 으스댈까요, 아니면 봄이 와서 또다시 새 짝을 찾아 나설 꿈에 부풀까요?

레아는 왜 날지 못할까?

날 수 있는 새들은 흉골(앞가슴의 한복판에서 좌우 늑골을 연결하는 뼈)에 용골돌기가 발달되어 있어요. 그리고 용골돌기에 나는 데 필요한 근육인 비행근이 붙어 있지요. 그런데 레아나 타조처럼 날지 못하는 새는 흉골에 용골돌기가 발달되어 있지 않고 비행근도 없답니다.

제비: 참새목 제빗과

하루에 100번 이상 먹이를 물어 나르는
제비

밥! 밥! 밥! 밥 주세요!

"지지배배, 지지배배!"

여름, 제비가 시골집 처마 밑에 둥지를 마련하고 알을 낳았어요. 알을 품은지 보름 정도가 지나자 둥지에서 새끼가 태어났지요. 그런데 새끼가 태어나자 제비집은 조용할 새가 없어요. 알에서 깨어난 새끼 제비들이 온종일 입을 짝짝 벌리며 떠들어 대기 때문이지요. 그런데 귀청을 따갑게 하는 이 울음소리가 사실은 "밥! 밥! 밥! 밥 주세요!" 하고 졸라 대는 소리라는 사실을 알고 있나요?

새끼 제비들은 배가 얼마나 크길래 저렇게 온종일 밥을 달라고 울어 대는 걸까요?

가진 거라곤 입뿐이에요

제비는 봄에 우리나라를 찾아와 여름을 나고 가을에 추위를 피해 따뜻한 남쪽 나라로 날아가는 여름 철새예요. 하지만 여름 한철을 잠시 머물고만 가는 나그네는 아니랍니다. 우리나라에서 알을 낳고 새끼를 기르니 제비에게는 우리나라가 고향이라고 할 수 있어요.

봄에 우리나라를 찾아온 제비는 시골집 처마 밑에 둥지를 마련하고 3~5개의 알을 낳아요. 새끼 제비들은 부모가 알을 품은 지 13~18일이 지나면 알을 깨고 나오지요.

갓 태어난 새끼 제비는 깃털도 없고 앞을 보지도 못해요. 힘도 아주 약해서 제 발로 서지도 못하고요. 그런데 이 약한 새끼들이 단 한 가지 잘하는 것이 먹는 일이랍니다.

제비는 파리, 모기처럼 날아다니는 곤충들을 잡고 땅 위에 있는 먹이도 날면서 잡아먹어요. 새끼 제비들은 아직 날 수 없기 때문에 부모 제비가 잡아다 주는 먹이를 받아먹지요. 그

제비

런데 먹성이 어찌나 좋은지 금세 먹이를 받아먹고도 "지지배배, 지지배배." 하고 배가 고프다고 아우성을 친답니다. 더구나 입은 또 얼마나 큰지, 이렇게 우는 새끼 제비들을 둥지 위에서 보면 입 밖에 보이지 않아요.

부모 제비는 새끼 제비의 이 울음에 자극을 받아 하루에 몇 백 번씩 둥지를 들락거리며 새끼들에게 먹이를 물어다 줘요. 둥지로 돌아와 지친 날개를 잠깐 쉬어 갈까 하다가도 배가 고프다고 입을 짝짝 벌려 대는 새끼들을 보면 허겁지겁 다시 먹이를 찾아 나선답니다.

먹이랴, 치우랴, 몸이 열 개라도 모자라요

새끼 제비들은 많이 먹는 만큼 똥도 무진장 많이 쌉니다. 그냥 두면 둥지가 그야말로 똥 천지가 될 정도지요. 부모 제비는 새끼들이 싸 놓은 똥을 치우는 일에도 신경을 많이 쓴답니다. 둥지에 똥이 쌓여 있으면 보기에 안 좋은 것은 물론이고 위험한 일이 생길 수 있거든요.

기생충이 꼬여 새끼들의 건강을 해칠 수도 있고, 뱀이나 족제비 같은 사냥꾼이 똥 냄새를 맡고 찾아와 새끼들을 잡아먹을 수도 있으니까요.

그래서 부모 제비들은 새끼들에게 먹이를 물어다 주느라 바쁜 와중에 틈틈이 똥도 치워야 한답니다. 사냥을 하러 나갈 때 새끼들이 싸 놓은 똥을 물고 나와, 사냥꾼들이 제비 둥지를 찾을 수 없을 만큼 먼 곳에 내다 버리는 거예요. 이렇게 부모 제비들은 몸이 열 개라도 모자를 정도로 바쁘답니다.

찬 이슬을 맞으며 밤잠을 설치는 부모 제비

부모 제비의 정성스러운 보살핌 덕인지 새끼 제비들은 무척 빨리 자라요. 알에서 깬 지 2주만 지나면 덩치가 어른만 해져서 날갯짓을 하는 시늉까지 하지요.

부모 제비는 이 무렵에 고생이 가장 심하답니다. 덩치가 커진 만큼 새끼들이 먹는 양도 많아져서 더욱 부지런히 먹이를 날라야 하는 데다, 둥지가 비좁아져서 둥지 밖에서 자는 일까지 생기거든요.

밤 사냥꾼들의 눈이 무섭게 번득이는 위험한 밤, 밖에서 찬 이슬을 맞으며 잠을 청하는 부모 제비의 소망은 한 가지뿐일 거예요. 가을이 되어 따뜻한 남쪽 나라로 돌아갈 때까지 새끼들이 별 탈 없이 잘 자라는 것 말이에요.

제비가 낮게 날면 정말로 비가 올까?

비가 오기 전에는 흔히 기압이 낮아지고 습도가 높아져요. 이럴 때 제비의 먹이인 모기, 벌, 하루살이 등은 땅 가까이로 내려와 난답니다. 그 탓에 제비도 덩달아 낮게 날게 되니, 이런 날에는 비가 올 가능성이 높다고 할 수 있어요.

 **깊이 들여다보기**

새들은 **암컷과 수컷이 함께** 새끼를 돌봐요

새끼를 낳고 젖을 먹이는 일을 암컷만 할 수 있기 때문일까요? 포유동물은 암컷 혼자 새끼를 기르는 경우가 많아요.

그런데 새들은 대부분 암컷과 수컷이 힘을 합쳐 함께 새끼를 기른답니다. 알을 품는 일이나 갓 깨어난 새끼에게 먹이를 물어다 주는 일은 수컷도 충분히 할 수 있으니까요. 그러는 편이 새끼에게도 훨씬 도움이 되고요. 암컷과 수컷이 번갈아 알을 품고 먹이를 물어다 나르면, 둥지가 빌 새가 없고 먹이의 양이 늘어나 새끼가 더욱 안전하고 튼튼하게 자랄 수 있답니다.

새들 중에는 자기 알을 남에게 맡겨 기르게 하는 '얌체족'도 있어요. 대표적인 새가 뻐꾸기예요. 뻐꾸기는 스스로 둥지를 틀지 않고 때까치나 멧새, 종달새 등의 둥지에 알을 낳아요. 둥지 주인이 집을 비운 사이에 그 새가 낳은 알 하나를 둥지 밖으로 떨어뜨리고 그 자리에 자기 알을 낳아 두는 거예요. 아무것도 모르는 둥지 주인은 뻐꾸기 알이 자기 알인 줄 알고 품게 되는데, 갓 깨어난 뻐꾸기는 무서운 행동을 해요. 양부모가 물어다 주는 먹이를 독차지하기 위해 양부모의 남은 알과 새끼를 밀어 둥지 밖으로 떨어뜨리는 거예요.

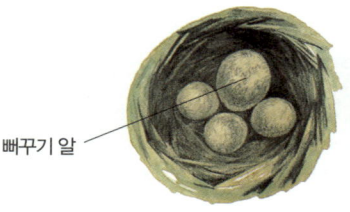
뻐꾸기 알

다른 알을 밀어 내는 새끼 뻐꾸기

3장
물속 동물들의 새끼 사랑

알 부화장을 지키는 **나일악어**

제 몸의 양분을 떼어 먹이는 **디스커스**

물 위에 알을 낳는 물고기, **스프레잉카라신**

새끼를 지키다 죽음을 맞는 **큰가시고기**

거품집을 지어 알을 보호하는 **버들붕어**

알 동굴을 지키는 수문장, **문어**

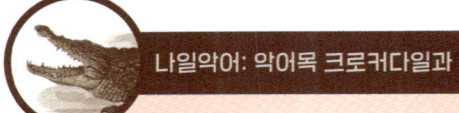

나일악어: 악어목 크로커다일과

알 부화장을 지키는 나일악어

죽었니? 살았니?

뙤약볕이 내리쬐는 아프리카 초원의 강가에 임팔라들이 목을 축이러 왔어요. 맞은편 강기슭에서는 커다란 나일악어 한 마리가 볕을 쬐고 있었고요. 임팔라는 나일악어가 좋아하는 먹이 가운데 하나예요.

그런데 이 악어는 임팔라들이 고개를 숙이고 물을 마시는 것을 보고도 여전히 꼼짝달싹하지 않았어요. 혹시 어디가 아픈 걸까요? 악어가 먹이를 마다하다니, 대체 어떻게 된 일일까요?

열대의 포악한 사냥꾼

나일악어는 아프리카 대륙과 마다가스카르섬의 강과 호수에서 살아요. 악어 중에서 상당히 큰 편으로 몸길이가 3~6미터, 몸무게가 900킬로그램까지 나가기도 하지요.

나일악어는 물속에 몸을 감추고 망을 보다가, 물가로 목을 축이러 오는 동물들을 사냥해서 잡아먹어요. 나일악어는 힘이 어찌나 센지 커다란 얼룩말도 잡아먹을 수 있답니다.

나일악어 때문에 열대 초원의 초식 동물들은 함부로 물을 건너거나 물가에서 물을 마시지 못해요. 나일악어가 언제 들이닥칠지 알 수 없기 때문이에요. 그래서 늘 주위를 둘러보고 안전한지 확인한 다음, 물을 건너거나 목을 축이지요.

그런데 힘없는 초식 동물들이 나일악어를 겁내지 않을 때가 있답니다. 바로 나일악어가 알을 낳은 뒤 3개월 동안이에요. 이때가

나일악어

되면 나일악어는 물가에 멍하니 앉아 있기만 하거든요. 살이 토실토실한 어린 임팔라가 다가가도 거들떠보지 않고 말이에요. 대체 그 까닭이 무엇일까요?

내 알은 내가 지킨다!

물론, 알을 지키기 위해서랍니다. 엄마 나일악어는 번식기가 되면 물가에 구덩이를 파서 알 부화장을 만들어요. 그러고는 25~100개의 알을 낳고 흙으로 잘 덮어 둔 다음, 알 부화장 옆에 꼼짝 않고 엎드려 있지요. 악어의 알은 하이에나 왕도마뱀 같은 동물들이 좋아하는 먹이거든요. 나일악어는 이러한 알 도둑으로부터 알을 보호하기 위해 부화장을 지키는 거예요.

새끼 나일악어가 알을 깨고 나오기까지는 무려 80일 남짓한 시간이 걸려요. 그런데 엄마 나일악어는 이 기간 동안 아무것도 먹지 않는답니다. 잠깐이라도 자리를 비우면 알 도둑들이 들이닥칠까 봐, 비가 억수처럼 쏟아지거나 맛있는 먹잇감이 눈앞에서 어슬렁거려도 본체만체하고 알 부화장 옆에서 돌부처처럼 버티고 있어요.

이윽고 3개월이 지나 새끼들이 하나둘 알에서 깨어나기 시작하면, 엄마 나일악어는 알 부화장의 모래를 헤치고 새끼들을 일일이 입에 물어 물속으로 옮겨 준답니다. 새끼들이 물가로 내려오다가 까마귀나 왕도마뱀의 먹이가 되지 않도록 보호하는 거예요. 어디 그뿐인가요? 어린 새끼들이 물속에서 커다란 물고기나 황새에게 잡아먹힐까 봐 엄마 나일악어는 몇 주 동안 새끼들을 데리고 다니거나 등에 태우고 다니며 보호한답니다.

이래 봬도 다정한 엄마예요

나일악어는 등줄기가 오싹해질 만큼 무섭게 생겼어요. 실제로도 열대 지방의 물가에서 첫손가락에 꼽힐 만큼 무서운 사냥꾼이

고요. 그래서일까요? 옛날에 사람들은 나일악어가 새끼들을 물고 다니는 모습을 보고 제 새끼까지 잡아먹는 무자비한 부모라고 손가락질을 하기도 했답니다. 이 무서운 사냥꾼이 새끼들을 이렇게 지극하게 돌보고 있는 줄은 아무도 몰랐던 거예요.

엄마 나일악어는
새끼가 부화했다는 사실을 어떻게 알까?

갓 알을 깨고 나온 새끼 나일악어는 혼자 힘으로 부화장의 모래를 헤치고 나올 수 없어요. 그래서 알을 깨고 나오면 "삐리릭! 삐리릭!" 하고 울어 대지요. 엄마 나일악어는 이 소리를 듣고 새끼들이 부화했다는 사실을 알아차린답니다.

디스커스: 시클라목 시클리드과

제 몸의 양분을 떼어 먹이는
디스커스

남의 몸에서 뭘 하는 거야?

　수족관에서 갖가지 빛깔의 열대어가 한가롭게 헤엄치고 있었어요. 오렌지 빛깔의 네온테트라, 검은 빛깔의 블랙테트라……. 열대어들은 하나같이 아름다웠지요.

이 아름다운 물고기들 중에서도 단연코 돋보이는 물고기가 있었어요. 아름다운 빛깔과 자태 때문에 '열대어의 왕'이라고 불리는 물고기, 바로 디스커스였지요.

그런데 저게 뭘까요? 디스커스의 아름다운 비늘에 기생충 같은 것이 다닥다닥 붙어 있었어요. 대체 저 녀석들은 남의 몸에 달라붙어 무슨 짓을 하는 걸까요?

로얄블루디스커스

레드디스커스

브라운디스커스

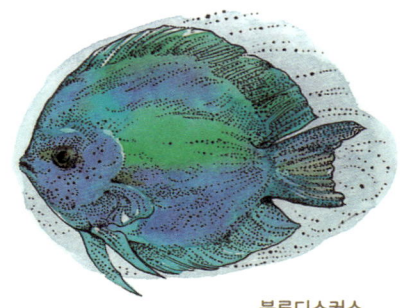
블루디스커스

열대어의 왕이 된 물고기

　디스커스는 아마존강으로 흘러드는 샛강에서 물에 사는 작은 벌레를 먹고 사는 열대어예요. 몸길이는 20센티미터 남짓한데 특이하게 납작한 원반 모양을 하고 있지요. 디스커스는 이 납작한 몸으로 아주 근엄하고 기품 있게 헤엄을 쳐요. 이렇듯 근엄한 모습과 아름다운 빛깔 때문에 디스커스는 열대어를 좋아하는 사람들 사이에서 '열대어의 왕'으로 꼽힌답니다. 빛깔에 따라 블루디스커스, 그린디스커스, 레드디스커스, 브라운디스커스 등으로 나뉘는데 모두 몸빛이 보석처럼 영롱하지요.

디스커스는 열대어 가운데 기르기 까다롭기로도 으뜸이에요. 수족관에서 기를 때 물이 맞지 않거나 주위가 조금만 시끄러워도 덜컥 병이 나 버려요. 새끼들도 일정한 기간 동안 부모가 보살피지 않으면 살아남지 못하고요. 디스커스의 몸에 다닥다닥 달라붙어 있는 작은 생물들도 알고 보면 기생충이 아니라 엄마 아빠의 보호를 받는 새끼 디스커스랍니다.

젖을 먹여 새끼를 키워요

디스커스는 태어난 지 1년이 지나면 짝짓기를 하고 한 배에 200~500개의 알을 낳아요. 그런데 암컷과 수컷 모두 새끼를 아끼는 마음이 지극하답니다. 알을 낳으면 함께 산란장을 지키고 가슴지느러미로 쉴 새 없이 부채질을 해, 알에 신선한 산소를 공급해 주지요.

새끼 디스커스들은 엄마 디스커스가 알을 낳은 지 3일 정도 지나면 깨어납니다. 그리고 다시 3일 정도를 알에 남아 있는 노른자위를 먹으며 자라다가, 약속이나 한 듯이 엄마 디스커스를 향해 헤엄쳐 가서 비늘에 빽빽하게 달라붙어요. 새끼 디스커스들은 왜 이런 행동을 하는 걸까요?

 새끼들이 스스로 헤엄칠 수 있을 무렵이 되면 부모 디스커스의 몸에서는 놀랍게도 젖과 같이 묽고 끈끈한 액체가 흘러나와요. 이것을 '디스커스 젖'이라고 하는데, 새끼 디스커스들은 바로 이 젖을 빨아 먹기 위해 부모의 몸에 달라붙는 거랍니다.

아빠 젖도 맛있어

 새끼 디스커스들이 엄마 디스커스의 몸에 달라붙어 젖을 빠는 모습은 무척 신기하고 재미있어요. 하지만 그 많은 새끼들을 몸

에 붙이고 젖을 먹이려면 엄마 디스커스는 이만저만 힘이 드는 것이 아니에요. 그래서일까요? 디스커스 부부는 새끼에게 젖을 먹이는 일도 교대로 한답니다.

　새끼들을 몸에 붙이고 2~3분 정도 젖을 먹이고 나면 엄마 디스커스는 갑자기 몸을 흔들어 새끼들을 털어 내고는 아빠 디스커스를 툭 건드려요. "아빠 젖도 맛있어, 얘들아." 하고 이야기하듯이 말이에요. 그러면 새끼 디스커스들은 약속이나 한 듯 아빠 디스커스한테로 우르르 몰려가요. 그러고는 "어디? 어디?" 하고 아우성치듯 아빠의 몸에 달라붙어 젖을 빨기 시작하지요.

　엄마 젖을 빨다가 마르면 아빠 젖을 빨고, 아빠 젖을 빨다가 마르면 엄마 젖을 빠는 새끼 디스커스들. 세상에 이렇게 살기 편한 새끼 물고기들이 또 있을까요?

디스커스는 자기 알을 먹는다고?

디스커스는 알이 부화하기 시작할 무렵에 이따금 자기 알을 먹곤 해요. 이런 일은 대개 알에 문제가 있을 때 일어난답니다. 물고기의 알은 겉보기에는 문제가 없어 보여도 부화하지 않는 경우가 많거든요. 디스커스는 이런 알을 먹어 바닥난 체력을 보충하고 새끼들을 기를 힘을 얻지요.

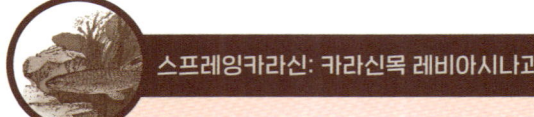

스프레잉카라신: 카라신목 레비아시나과

물 위에 알을 낳는 물고기, 스프레잉카라신

아마존강의 괴짜 물고기

아마존강은 남아메리카의 브라질, 베네수엘라, 콜롬비아, 에콰도르, 페루, 볼리비아 등에 걸쳐 있는 아주 큰 강이에요. 강이 크고 넓은 만큼 아마존강에는 전기를 뿜는 전기뱀장어, 사람을 잡아먹는 피라냐 등 신기하고 재미있는 물고기가 많답니다. 스프레잉카라신은 그중에서도 괴짜 중의 괴짜로 통하는 물고기예요. 물에 사는 물고기이면서도 물속에 알을 낳지 않거든요.

그렇다면 스프레잉카라신은 어디에 알을 낳을까요? 또 부화된 새끼들은 어디에서 자랄까요?

물 위에 알을 낳는다고?

스프레잉카라신은 다 자라도 몸길이가 6~8센티미터밖에 안 되는 자그마한 물고기예요. 남아메리카 동북부의 해안 지역인 기아나와 아마존강 하류에서 물에 사는 벌레나 곤충, 갑각류 등을 잡아먹지요.

스프레잉카라신은 빛깔이나 모양이 수수해요. 그런데도 전 세계 열대어 애호가들로부터 깊은 관심을 끌고 있어요. 물고기 가운데 유일하게 물 위에 알을 낳기 때문이에요. 어떻게 그럴 수 있느냐고요?

스프레잉카라신이 사는 아마존강 하류에서는 홍수가 자주 일어나요. 스프레잉카라신은 홍수 때 강둑에서 흘러넘친 물을 따라 평야 지대로 퍼져 나가 짝짓기를 하고 알을 낳는데, 이 무렵이 되면 수컷이 자주 물 위로 뛰어오른답니다. 주위에 알을 붙여 둘 만한 크고 거친 잎이 있는지 알아보기 위해서지요.

마침내 알을 낳을 잎을

찾은 수컷은 암컷을 데려와서 가슴지느러미와 꼬리지느러미로 부둥켜안고 물 위로 솟구쳐 올라요. 그러고는 배지느러미로 잎 뒷면에 매달려, 암컷은 알을 낳아 붙이고 수컷은 정액을 뿜어 수정시키지요.

스프레잉카라신이 한 번에 낳는 알의 수는 5~12개예요. 그런데 잎 한 장에 50~200개의 알을 붙일 때까지 같은 행동을 되풀이한답니다. 그야말로 등줄기가 뻐근해지도록 물 위로 뛰어오르는 거예요. 스프레잉카라신은 왜 이 고생을 하면서 물 위에 알을 낳는 걸까요?

알 도둑이 싫어요

대부분의 물고기는 알을 많이 낳아요. 알을 조금 낳는 편인 연어도 한 배에 4000개의 알을 낳고, 많이 낳는 붕장어는 8백만 개의 알을 낳지요. 하지만 대부분 알과 새끼를 돌보지 않기 때문에 물고기의 알과 새끼들은 숱한 동물의 먹이가 되고 말아요. 무사히 부화해서 어른이 되는 것은 아주 적지요.

스프레잉카라신은 물고기치고는 알을 아주 적게 낳아요. 한 배에 50~200개의 알을 낳으니, 연어에도 못 미치는 정도지요. 스프레잉카라신이 물 위에 알을 낳는 까닭도 여기에 있어요. 알을 조금 낳는 대신에 알 사냥꾼들이 쉽게 찾을 수 없는 곳에 알을 숨겨 두려는 거예요.

문제는 물고기 알은 공기 중에 있으면 쉽게 말라붙는다는 사실이에요. 그러면 새끼들도 알 속에서 말라 죽고 말지요. 알 도둑을 물리치기 위해 물 위에 알을 낳은 스프레잉카라신은 이제 공기라는 또 다른 적과 맞서 싸워야 한답니다.

아니나 다를까, 엄마 스프레잉카라신은 알을 낳으면 어디론가 떠나 버리지만, 아빠 스프레잉카라신은 그 자리에 남아 끝까지 산란장을 지킨답니다. 산란장 가까이에 은신처를 마련해 두고, 꼬리지느러미를 이용해 낮 동안 10분 간격으로 알에 물을 끼얹는 거예요.

혼자서도 잘 살아요

아빠 스프레잉카라신 덕분에 새끼들은 2~3일이 지나면 깨어나 물속으로 톡톡 떨어져요. 그러면 아빠 스프레잉카라신은 미련 없이 산란장 밑을 떠난답니다. 자기가 없어도 새끼들이 안전하게 자랄 수 있다고 믿기 때문이지요.

사실, 스프레잉카라신 새끼들은 홍수 때만 물에 잠긴 습지에서 알을 깨고 나오기 때문에 목숨을 위협받을 걱정이 적답니다.

홍수 때만 물에 잠기는 습지는 새롭게 이루어진 환경인 만큼 새끼 스프레잉카라신의 목숨을 위협할 사냥꾼이 많지 않거든요. 아빠 스프레잉카라신은 이 모든 것을 계산하고 이별의 시간을 정한 거랍니다.

스프레잉카라신

은신처는 왜 필요할까?

산란장 밑에만 계속 있으면, 사냥꾼들이 스프레잉카라신이 어디에 알을 낳았는지 알아차릴 수 있어요. 그래서 스프레잉카라신은 산란장 옆 물풀 숲에 은신처를 마련해 둔답니다. 알 사냥꾼들에게 들키지 않고 알에 물을 끼얹고는 재빨리 숨기 위해서지요.

깊이 들여다보기

황폐해지는 지구의 허파, 아마존

아마존강은 세계에서 가장 큰 강이에요. 브라질, 베네수엘라, 콜롬비아, 에콰도르, 페루, 볼리비아 등 남아메리카 9개 나라에 걸쳐 있는데, 강 언저리의 넓이가 총 705만 제곱킬로미터로 남북한을 합친 넓이의 30배에 이르지요.

아마존 유역은 무더운 열대 지역이고 물이 풍부해서 세계에서 가장 넓은 열대 숲이 펼쳐져 있어요. 이 열대 숲에서 지구 산소의 4분의 1을 공급하기 때문에 아마존 유역은 '지구의 허파'라고 불리기도 하지요.

그런데 1970년대 중반 이후에 대서양에서 페루 국경까지 5,600킬로미터의 아마존 횡단 도로가 놓이면서 아마존 유역이 개발되기 시작했어요. 이곳에서 특히 발달한 산업은 농업과 목축업으로, 많은 주민들이 숲의 나무를 베거나 불태워 목초지로 만들거나 농사를 지어 살아가고 있지요.

그 탓에 최근 몇 년 동안 아마존에서는 열대 숲이 눈에 띄게 사라지게 되었어요. 개발이 처음 시작된 1960년대부터 2000년까지 브라질에서만 한반도 면적의 3배가 훨씬 넘는 80제곱킬로미터의 숲이 사라졌답니다.

아마존의 숲은 지구에서 이산화탄소를 흡수하고 산소를 공급해 기후를 안정시키는 중요한 역할을 하고 있어요. 이러한 숲이 당장의 이익에 밀려 사라져 버린다면 인류는 앞으로 어떠한 재앙을 맞게 될지 몰라요. 그래서 요즘에는 세계 각지에서 수많은 사람들이 아마존의 열대 숲을 살리기 위해 노력을 기울이고 있답니다.

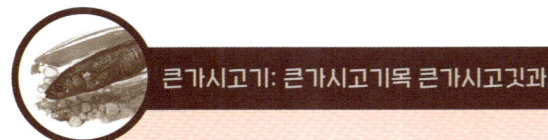

큰가시고기: 큰가시고기목 큰가시고깃과

새끼를 지키다 죽음을 맞는
큰가시고기

누구냐, 감히 내 새끼들을 노리는 놈이!

4월, 물이끼가 푸릇푸릇 번져 가는 봄의 강물 속에서 자그만 새끼 물고기들이 즐겁게 노닐고 있었어요. 그때 강바닥을 기어다니던 커다란 메기가 슬그머니 새끼 물고기들한테 다가왔어요. 그러자 메기의 앞을 딱 가로막는 정의의 사자가 있었답니다. 등에 크고 뾰족한 가시가 돋아 있는 물고기, 바로 큰가시고기였지요.

　큰가시고기는 새끼한테 위협이 닥치면 목숨까지 걸고 맞서 싸울 만큼 새끼 사랑이 지극한 물고기예요. 더구나 메기가 만만하게 맞설 수 있는 약한 상대도 아니지요. 큰가시고기의 크고 단단한 가시에 찔렸다가는 목숨을 부지하기도 힘들 테니까요. 결국 메기는 슬그머니 몸을 틀어 물풀 숲 사이로 사라져 버렸답니다.

아기들이 지낼 둥지는 튼튼한가요?

큰가시고기는 다 자라도 몸길이가 11센티미터밖에 안 돼요. 하지만 이 자그마한 물고기를 당해 낼 물고기는 많지 않답니다. 큰가시고기의 등에는 크고 단단한 가시가 솟아 있는데, 이 가시에 찔리면 큰 상처를 입게 되거든요.

큰가시고기 수컷은 자라서는 바다에서 지내다가 3월이 되면 고향인 강으로 돌아와 번식기를 맞아요. 이때 큰가시고기 수컷은 등이 청록색으로 바뀌고 아가미 뚜껑이 붉은색으로 바뀌어 짝짓기를 할 준비가 되었다는 것을 알린답니다. 이것을 혼인색이라고 해요.

큰가시고기 수컷은 혼인색을 띠어도 바로 암컷을 찾아다니지 않고, 먼저 강바닥에 정성껏 둥지부터 만듭니다. 강바닥의 모래를 입으로 퍼내 지름 5센티미터의 얕은 구덩이를 판 다음, 갈댓잎이나 뿌리 부스러기들을 모아 새 둥지 모양의 둥지를 만드는 거예요. 둥지가 완성되면 비로소 수컷은 암컷을 맞아 짝짓기를 해요. 그러

혼인색을 띤 큰가시고기

고 나면 암컷을 데려와서 둥지 안에 알을 낳게 하지요.

큰가시고기 수컷은 둥지가 알로 가득 찰 때까지 다른 암컷들과 짝짓기를 해요. 그리고 나서 암컷들을 떠나 보내고 알과 어린 새끼들을 혼자 힘으로 보살핀답니다.

아내가 남긴 소중한 선물

아빠 큰가시고기가 새끼들을 위해 가장 먼저 하는 일은 둥지에 새 물을 계속 공급하는 일이에요. 둥지 속에 물이 고여 있으면 산소가 바닥나서 알이 썩고 말거든요. 그래서 아빠 큰가시고기는 둥지 입구에서 내내 지느러미를 흔들어 둥지 속으로 새 물을 흘려 보내요. 또, 둥지 안의 알을 모두 꺼내 한 번씩 위치를 바꾸어 놓기도 한답니다. 알에 신선한 산소가 골고루 공급되게 하려는 거지요.

새끼 큰가시고기는 알을 보살핀 지 8일이 지나면 깨어나기 시작해요. 그런데 여러 암컷들이 시간 간격을 두고 알을 낳았기 때문에 새끼들도 한꺼번에 깨어나지 않고 시간 간격을 두고 깨어나지요. 그 탓에 이 무렵이 되면 아빠 큰가시고기는 정신없이 바빠진답니다. 아직 깨어나지 못한 새끼들을 위해 둥지 속에 새 물을 공급하랴, 깨어나 둥지에서 빠져나오려고 하는 어린 새끼들을 물어다 둥지 속에 도로 집어넣으랴 바쁜 와중에, 알과 새끼들을 노리고 다가오는 사냥꾼들까지 물리쳐야 하니까요. 그야말로 몸이 10개라도 모자랄 지경이지요.

새끼들의 앞길을 밝히는 사랑

아빠 큰가시고기의 지극한 보살핌 아래 무럭무럭 자란 새끼 큰

가시고기들은 6월이 되면 등에 솟은 가시들이 제법 단단해져 바다로 떠날 채비를 시작해요. 그런데 이 무렵이 되면 늘 새끼들의 뒤를 쫓아다니던 아빠 큰가시고기가 도통 보이질 않는답니다.

새끼들이 둥지를 떠날 무렵이 되면 아빠 큰가시고기는 물풀 숲으로 가서 남몰래 숨을 헐떡거려요. 혼자 몸으로 알을 지키랴, 새끼들을 보살피랴, 지칠 대로 지쳐서 이제 이 깊고 어두운 물풀 숲에서 서서히 죽음을 맞이하는 거예요.

알과 새끼들을 보살피다가 끝내 죽음을 맞는 아빠 큰가시고기. 그 큰 사랑과 정성은 바다로 떠나가는 새끼들의 앞길을 환히 밝혀 줄 거예요.

큰가시고기의 둥지는 어떻게 물살에 휩쓸려 가지 않을까?

큰가시고기는 둥지를 지을 때 콩팥에서 풀처럼 끈끈한 점액을 토해 냅니다. 이 점액으로 둥지 재료들을 서로 단단하게 붙이는 거예요. 그래서 큰가시고기의 둥지는 물살에 휩쓸려 가지 않는답니다.

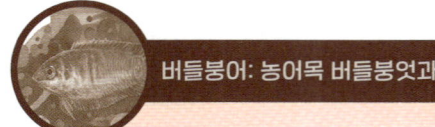 버들붕어: 농어목 버들붕엇과

거품집을 지어 알을 보호하는
버들붕어

물 위에 떠 있는 거품 덩어리

7월의 어느 날, 부레옥잠 잎 밑에 거품 덩어리가 둥둥 떠 있었어요. 물거품이라면 금세 터지고, 비누 거품이라면 녹아 버릴 텐데 이 거품은 터지지도 녹아 없어지지도 않았어요. 대체 어떻게 생겨난 거품일까요?

놀랍게도 이 거품은 나뭇잎처럼 생긴 자그마한 물고기의 입에서 뿜어져 나왔답니다. 다름 아닌 버들붕어의 솜씨예요. 버들붕어는 대체 무엇 때문에 이런 일을 하는 걸까요?

물속에서 숨을 쉬지 못하는 새끼들

버들붕어는 연못이나 저수지, 웅덩이 등에서 물에 사는 작은

곤충을 먹고 살아요. 언뜻 보면 붕어와 비슷하지만, 몸길이가 5~7센티미터로 붕어보다 훨씬 작고 몸이 옆으로 납작하지요.

버들붕어는 여느 물고기들이 잘 살지 못하는 흐리고 탁한 물에서도 잘 살아요. 물속에서 숨을 쉬게 해 주는 아가미 말고도, 공기 중에서 숨을 쉬게 해 주는 보조 호흡 기관이 있기 때문이에요. 버들붕어는 물속에 산소가 부족할 때 물 위로 입을 내밀고 이 보조 호흡 기관을 이용해 숨을 쉬어요. 덕분에 산소가 부족한 탁한 물에서도 오랫동안 버틸 수 있지요.

하지만 모든 버들붕어가 물 안팎에서 자유롭게 숨 쉴 수 있는 것은 아니랍니다. 갓 알을 깨고 나온 버들붕어는 물속에서 전혀 숨을 쉬지 못해요. 아가미가 보조 호흡 기관보다 늦게 발달하기 때문이에요. 번식기에 버들붕어가 거품을 뿜어 올리는 까닭도 여기에 있어요. 거품으로 물 위에 집을 지어, 물속에서 숨을 쉬지 못하는 새끼들이 편안히 숨을 쉬게 하기 위해서지요.

버들붕어

저 거품에다 알을 붙여 두자

버들붕어 수컷은 번식기인 6~7월이 되면 연못가의 그늘진 곳으로 가서 물속에서 보글보글 거품을 뿜어 올려요. 바로 거품 둥지를 만드는 거예요. 이렇게 해서 거품 둥지가 만들어지면 암컷을 데려와 알을 낳지요. 거품 둥지 밑에서 암컷이 하늘을 바라보고 알을 낳으면, 수컷이 알을 수정시키고 강바닥으로 떨어진 알을 둥지에 다시 붙여 놓는 거예요.

알 낳기가 끝나면 버들붕어 수컷은 그 자리에 남아 알을 지켜요. 아무리 튼튼히 만들어도 거품은 거품이라 언젠가는 터지게 되어 있거든요. 그래서 아빠 버들붕어는 거품이 하나 터질 때마다 거품을 새로 만들어 둥지에 붙여 놓고 떨어진 알을 주워 새 거품에 붙여 주지요.

거품 둥지 하나에 붙어 있는 알의 수는 40~50개 정도예요. 때로는 거품 몇 개가 한꺼번에 터져 알 몇 개가 동시에 강바닥으로 떨어지기도 해요. 하지만 아빠 버들붕어는 귀한 알을 하나도 포기하지 않아요. 자그마한 몸으로 물 위와 강바닥 사이를 몇 번이나 오락가락하면서 알을 거품집에 붙여 놓는답니다. 이 과정이 힘들 법도 한데, 아빠 버들붕어는 끄떡없어요.

아빠의 지극한 보살핌을 받은 새끼 버들붕어는 알을 낳은 지 4~5일이 지나면 알에서 깨어나요. 그러고는 거품 둥지에 매달려

안전하게 숨을 쉬지요.

 이따금 거품이 터져 새끼 버들붕어가 까마득한 물속으로 곤두박질치기도 해요. 하지만 걱정 없어요. 자상한 아빠 버들붕어가 둥지 밑을 지키고 있다가 강바닥으로 떨어지는 새끼를 거품 둥지에 안전하게 매달아 주니까요.

풍선 같은 거품을 타고

새끼들의 몸에 아가미가 생겨 물속에서 숨을 쉴 수 있을 때까지 아빠 버들붕어는 거품 둥지 밑에서 떠나지 않아요. 또 거품 둥지로 다가오면 누구든 가리지 않고 공격해 쫓아내 버리지요.

새끼 버들붕어들은 얼마나 행복할까요? 하늘처럼 큰 사랑을 간직한 아빠가 지켜보는 가운데 풍선 같은 거품을 타고 물 위에 둥실둥실 떠 있으니 말이에요.

수컷에게 쫓겨나는 버들붕어 암컷

버들붕어 암컷은 거품 둥지 하나에 40~50개씩, 1~3시간 동안 알을 낳아요. 그러다 보니 알을 다 낳고 나면 기운이 빠져 아무것도 할 수 없게 되지요. 암컷들은 이때 기운을 되찾으려고 자기가 낳은 알을 먹기도 해요. 그래서 버들붕어 수컷은 암컷이 알을 다 낳으면 다짜고짜 다른 곳으로 쫓아 버린답니다.

문어: 문어목 문어과

알 동굴을 지키는 수문장,
문어

굴속에 무엇이 들었을까?

조용하고 잠잠한 바다 밑, 깊은 바다 밑바닥에서 문어 한 마리가 굴 앞에 앉아 눈을 부라리고 있었어요. 먹잇감을 매섭게 찾으려는 건지, 굴속을 든든히 지키려는 건지 몰라도 제법 사나운 눈빛이에요. 그때 맞은편 바위 뒤에서 게 한 마리가 나타났어요. 게가 문어를 약올리기라도 하는 듯, 가다 말고 딱 멈춰 섰어요. 그런데 게라면 사족을 못 쓰고 좋아하는 문어가 오늘따라 꿈쩍도 하지 않았어요. 성문을 지키는 수문장처럼 굴 앞을 딱 가로막고 서 꼼짝달싹 안 했지요.

왜 문어는 먹이를 보고도 가만히 있을까요? 혹시 굴속에 아주 소중한 보물이라도 숨겨 둔 걸까요?

동굴에서 살아요

문어는 몸에 뼈가 없고 머리가 다리에 붙어 있어요. 뼈가 없고 살과 내장으로만 되어 있는 동물을 연체동물이라고 하는데, 문어는 그중에서 머리가 다리에 붙은 '두족류'에 속하지요.

두족류에는 우리가 잘 아는 오징어, 낙지, 꼴뚜기 등이 포함되는데, 문어는 그 가운데 가장 큰 동물이에요. 깊은 바닷속에는 몸 길이가 9미터에 이르는 거대한 문어도 산다고 해요. 그래서 바닷속에 사는 괴물을 생각할 때 사람들은 예로부터 거대한 문어의 모습을 떠올리곤 했지요.

문어는 바다 밑바닥에 있는 바위틈이나 구멍 속에 보금자리를 마련해요. 그리고 바다 밑바닥을 기어다니며 사냥을 하는데 조개, 게, 새우, 크고 작은 물고기 등 걸려드는 것은 가리지고 잡아먹지요.

그런데 먹성 좋은 문어도 몇 달 동안 아무것

문어

도 먹지 않고 굴 앞을 지킬 때가 있답니다. 바로 산란기를 맞은 암컷들이 굴속에 알을 낳아 두고서 알 동굴을 지킬 때랍니다.

알 동굴을 지키는 철벽 수문장

봄에 짝짓기를 한 엄마 문어는 며칠에 걸쳐 알을 수만 개 낳아 보금자리인 굴 천장에 포도송이처럼 매달아 놓아요. 그리고 동굴 입구를 가로막고 앉아, 두 눈을 대굴대굴 굴리며 주위를 살피지요. 평소에는 문어만 보면 달아나던 게와 작은 물고기들이 문어가 알을 낳으면 굴 주위를 어슬렁거리며 호시탐탐 문어 알을 먹을 기회를 엿보거든요.

그러니 엄마 문어가 어떻게 굴을 비울 수 있겠어요? 엄마 문어는 새끼들이 알을 깨고 나올 때까지 몇 달 동안 굴 앞을 떠나지 않는답니다. 먹이 사냥도 하지 않고 오로지 알만 지키지요. 여덟 개의 다리를 쉴 새 없이 흔들어 알 동굴의 물을 계속 갈아 주면서 말이에요.

그래서일까요? 새끼들이 알에서 깨어나기 시작하면 엄마 문어는 그만 기운이 빠져 숨을 거두고 만답니다. 몇 달 동안 먹지도 자지도 않고 알 동굴을 지키느라 쌓인 피로가 한꺼번에 몰려오기 때문이지요.

엄마는 없지만……

알주머니를 찢고 나온 새끼 문어들은 눈송이처럼 작아요. 그 탓에 바다 밑바닥으로 가라앉지 못하고 바람에 흩날리는 눈송이처럼 물결에 휩쓸려 가지요.

이제부터 새끼 문어들은 물결에 따라 이리저리 떠돌며 숱한 위기와 맞닥뜨리게 될 거예요. 어쩌면 목숨에 위협을 느끼는 순간들도 마주하게 되겠지요. 하지만 자기들을 지키기 위해 생명까지 기꺼이 바친 엄마 문어의 큰 희생이, 그때마다 큰 힘이 되지 않을까요? 비록 엄마 문어는 새끼 문어들과 함께 살지 못하지만, 엄마

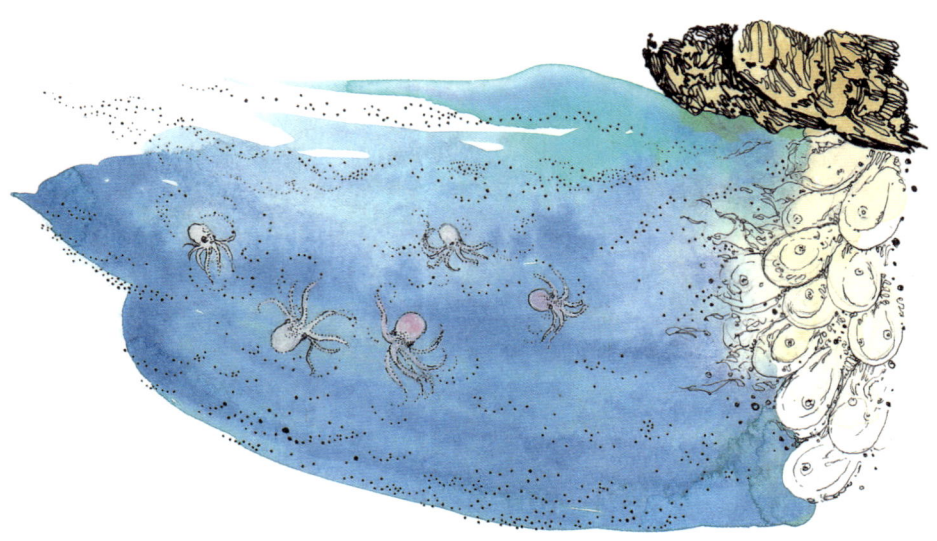

문어의 목숨을 바친 사랑이 새끼 문어들이 살아가는 동안 계속해서 함께할 거예요.

몸빛을 바꾸어 이야기를 나누어요

문어는 눈이 사람과 비슷해요. 사물의 모양과 색깔을 구별할 수 있고 깜빡거릴 수도 있지요. 그래서 문어는 몸의 무늬와 색깔을 바꾸어 서로 이야기를 나눈답니다. 수컷이 암컷과 짝짓기를 할 때 다른 수컷이 나타나면 몸에 번쩍거리는 얼룩무늬를 만들어 경고하기도 하고, 서로 좋아하는 감정도 색깔로 전달한답니다.

똑똑한 동물, 문어

문어는 머리가 좋은 바다 동물로 유명해요. 문어의 뇌는 무척추동물 중에서 가장 복잡하지요. 문어가 병뚜껑을 열거나 미로를 통과했다는 연구 결과들도 있어요. 여러 실험들에 따르면 문어는 기억력과 참을성도 뛰어나답니다!

깊이 들여다보기

물고기는 어떻게 새끼를 돌볼까?

생명이 탄생하려면 암컷의 난자와 수컷의 정자가 만나 하나가 되어야 해요. 이것을 생물학에서는 수정이라고 하지요. 포유동물처럼 땅 위에 사는 동물들은 대부분 암컷의 몸속에서 수정이 이루어져요. 그런데 물고기는 암컷의 몸 밖에서 수정이 이루어진답니다. 암컷이 물에 알을 낳으면 수컷이 그 위에 정액을 뿌려 수정을 하는 거예요.

물고기는 셀 수 없이 많은 알을 낳지만, 대개 알과 새끼를 보호하지 않아요. 부모가 알과 어린 새끼들을 보호하는 일은 수많은 물고기가 모여 사는 곳에서 예외적으로 나타나는 현상이지요. 이런 곳에서는 알을 그냥 두면 누군가에게 모조리 먹혀 버릴 가능성이 아주 높기 때문이에요. 그래서 수많은 물고기들이 모여 사는 탕가니카 호수의 시클리드들은 알과 새끼를 입속에 넣어 보호한답니다. 그리고 바다의 오아시스라고 일컬어지는 산호초에 사는 해마들은 배 속에 알을 넣고 보호하지요.

그런데 자식 사랑이 지극한 물고기들에게는 한 가지 재미있는 공통점이 있답니다. 대부분 암컷 대신에 수컷이 알과 어린 새끼들을 보호한다는 사실이에요. 왜 그럴까요?

앞서 말했듯이 물고기는 암컷이 알을 낳은 다음에 수컷이 정자를 뿜어내는 순서로 수정이 이루어져요. 그 탓에 뒤에 남은 수컷이 알을 지키게 되는 경우가 많은 거랍니다.

4장

작은 동물의 새끼 사랑

알을 업고 다니는 **물자라**

 온몸으로 알을 보호하는 **에사키뿔노린재**

나뭇잎으로 알집을 짓는 **거위벌레**

 아무것도 먹지 않고
알만 낳은 뒤 죽는 **하루살이**

가시 돋친 밤송이에 알을 낳는 **밤바구미**

 새끼를 업고 다니는 **늑대거미**

물자라: 노린재목 물장군과

알을 업고 다니는
물자라

물자라야, 등에 진 게 뭐야?

화창한 5월, 자그마한 곤충 하나가 연못가로 헤엄쳐 왔어요. 그 곤충은 물에 살짝 잠긴 돌 위에 엎드린 채 팔굽혀펴기를 하기 시작했어요. 그런데 세상에! 자라 등처럼 평평한 이 곤충의 등에 자그마한 알이 다닥다닥 붙어 있었답니다.

대체 이 곤충은 누구일까요? 그리고 왜 거추장스럽게 알을 지고 다니는 걸까요?

아가야, 아빠 등에서 편히 지내렴!

등에 알을 지고 다니는 이 곤충은 '물자라'예요. 그것도 암컷이 아닌 수컷이랍니다.

물자라

물자라는 저수지나 연못 같은 잔잔한 물에서 살아요. 몸은 타원형인데 자라처럼 등이 납작하고 옅은 갈색을 띠고 있지요. 하지만 몸집은 아주 작아서 몸길이가 2센티미터 정도밖에 안 된답니다.

몸집은 작아도 물자라는 물에 사는 작은 동물들을 잡아먹는 대표적인 육식성 곤충이에요. 대개 물풀 사이나 돌 틈에 숨어 있다가, 사냥감이 다가오면 앞발로 확 끌어당겨서 날카로운 턱으로 체액을 빨아 먹지요. 즐겨 먹는 먹이는 올챙이이지만 이따금 작은 물고기나 개구리도 잡아먹어요.

그런데 물자라에게는 재미있는 습성이 하나 있답니다. 짝짓기를 하고 나면 암컷이 수컷의 등에 알을 줄줄이 붙여 놓는 거예요.

아빠 물자라의 육아법

물고기의 알이 그렇듯, 물에 사는 곤충의 알도 무사히 부화하는 경우는 많지 않아요. 알을 훔쳐 먹는 동물들이 사방에 가득하지만, 곤충들은 대부분 알을 돌보지 않거든요. 하지만 물자라는 달라요. 짝짓기를 하고 나면 암컷이 수컷의 넓고 평평한 등에 알을 붙이고, 수컷은 그 알을 아주 정성껏 보살핀답니다.

덕분에 물자라의 알이 알 도둑의 먹이가 되는 경우는 거의 없어요. 하지만 잡아먹히지 않는다고 해서 모두 부화되는 것은 아니랍니다. 알에서 새끼가 깨어나려면 일정한 환경이 필요해요. 예를 들어 물자라의 새끼는 알이 말라도 깨어나지 않고 산소가 부족해도 깨어나지 않아요. 너무 차갑거나 뜨거운 환경에 있어도 알 속에서 죽어 버리고요.

새끼를 무사히 부화시키기 위해 아빠 물자라는 물에 살짝 잠긴 돌 위에서 내내 팔굽혀펴기를 한답니다. 알에 신선한 공기를 쐬어 주고는, 마르지 않도록 곧장 물에 적셔 주는 거지요. 또 물이 너무 차가워지면 물 위로 올라와 햇빛을 받고, 볕이 너무 뜨거우면 물속으로 들어가 알을 시원한 물에 적셔 준답니다.

야호, 나는야 아기 사냥꾼!

알을 업고 다니는 동안 아빠 물자라는 등에서 알이 떨어질까 봐 먹이도 잡으러 다니지 않아요. 새끼들이 부화하기 좋은 환경을 갖추어 주기 위해 알을 등에 진 채 물 위만 오르내릴 뿐이에요.

이렇게 15일 정도가 지나면 아빠 물자라의 등에서 새끼들이 하나둘 알껍데기를 찢고 나와요. 그러고는 곧장 얕은 물가로 헤엄쳐 가서 조그만 물속 벌레들을 잡아먹으며 혼자 씩씩하게 잘 살아간답니다.

아빠 물자라가 알을 돌보는 동안
엄마 물자라는 무엇을 할까?

물자라 암컷은 번식기에 알을 100개 정도 낳아요. 그런데 100개 정도의 알을 모두 낳고 나면 기운이 다 빠져 더 이상 살지 못해요. 그래서 암컷은 알을 수컷에게 맡기고 조용한 곳으로 가서 죽는답니다.

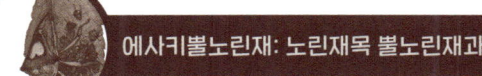
에사키뿔노린재: 노린재목 뿔노린재과

온몸으로 알을 보호하는
에사키뿔노린재

나뭇잎 뒷면에 매달린 녀석

5월, 나무에서 풀에서 초록 물이 뚝뚝 떨어질 것 같은 봄날에 층층나무 잎이 산들바람에 간들거리고 있었어요. 그런데 저게 뭘까요? 잎새 하나에 손톱만 한 곤충 한 마리가 매달려 있었어요. 손으로 떼어 내 보려고 했지만, 어찌나 단단하게 매달려 있는지 떼어지지 않았어요. 나뭇잎 뒷면에 저렇게 매달려 있으면 힘이 많이 들 텐데, 왜 저러고 있을까요? 혹시 잎에 매달려 죽은 건 아닐까요?

나뭇잎 뒷면에 알을 낳는 에사키뿔노린재

봄에 층층나무나 검양옻나무 잎 뒷면을 살펴보면, 이따금 자그

마한 곤충이 매달려 있는 모습을 볼 수 있어요. 이 곤충은 바로 에사키뿔노린재예요. 층층나무나 검양옻나무 잎에서 진을 빨아 먹고 살지요. 다 자라도 몸길이가 1센티미터가 되지 않을 만큼 작지만, 등에 오렌지색 또는 노란색 하트 무늬가 있어 쉽게 알아볼 수 있어요.

　자그마한 곤충은 눈에 띄는 무늬를 하고 있으면 적에게 들켜 공격을 받기 쉬워요. 그런데 에사키뿔노린재는 왜 이렇게 치장을 하고 있는 걸까요?

　에사키뿔노린재는 '곤충 세계의 스컹크'로 통하는 노린재 중 하나예요. 위험이 닥치면 뒷다리로 노란 액체를 뿜어내는데, 이 액체에서 아주 고약한 냄새가 나서 사냥꾼의 입맛을 뚝 떨어뜨려 버린답니다. 에사키뿔노린재의 등에 있는 화려한 하트 무늬는 이러한 위험을 알려 주는 '경계색'이에요. 에사키뿔노린재는 이 경

에사키뿔노린재

계색을 믿고 작은 몸집을 하고도 걱정 없이 잘 돌아다니는 거예요.

그런데 이렇게나 겁 없는 에사키뿔노린재가 5월만 되면 나뭇잎 뒷면에 죽은 듯이 매달려 있곤 한답니다. 무려 열흘 이상을 말이에요! 대체 그 까닭이 무엇일까요?

알이 탐나거든 내 목숨부터 가져가라!

물론 알을 보호하기 위해서랍니다. 에사키뿔노린재 암컷은 짝짓기가 끝나면 층층나무나 검양옻나무 잎 뒷면에 30개가 넘는 알을 붙여 놓아요. 그러고는 나뭇잎 뒷면에 매달려 온몸으로 알을 가린답니다. 한마디로 알을 지키는 방패막이가 되는 거예요.

알을 지키는 에사키뿔노린재에게 가장 큰 적은 개미예요. 개미들은 에사키뿔노린재의 알을 굴로 가져가 애벌레에게 먹이로 준답니다. 개미의 습격을 막기 위해 엄마 에사키뿔노린재는 알자리에서 떠나지 않아요. 잎의 진을 빨러 다니지도 않고 내내 알자리에 매달려 알을 지킨답니다. 그러다 개미들이 알을 노리고 나무줄기를 타고 올라오면, 엄마 에사키뿔노린재는 뒷다리로 고약한 냄새가 나는 액체를 내뿜어요. 그래도 개미들이 물러가지 않으면, 등딱지 밑에 숨겨 두었던 뒷날개를 부채처럼 흔들어 개미들을 땅바닥으로 떨어뜨리지요.

새끼를 지키는 철통 같은 방패

엄마 에사키뿔노린재는 새끼들이 알을 깨고 나오기까지 5일 동안 알자리를 한시도 비우지 않아요. 새끼들이 알에서 깨어난 뒤에도 7일 정도 더 알자리에 머물며 새끼들을 지켜 준답니다. 새끼를 위해 이렇게 자신의 온몸을 던지는 사랑 많은 곤충, 에사키뿔노린재. 이들의 등에 새겨진 고운 하트 무늬는 그 마음에 감동한 자연이 칭찬하려고 준 선물이 아닐까요?

물자라와 에사키뿔노린재가 친척이래요

물자라와 에사키뿔노린재는 모두 노린재의 한 종류예요. 노린재류는 머리와 앞가슴등판이 뾰족한 삼각형을 이루고, 바늘처럼 생긴 입으로 먹이를 찔러 액을 빨아 먹지요. 대부분 고약한 냄새가 나는 물질을 뿜어낼 수 있지만, 물자라나 물장군처럼 물에 사는 노린재류는 냄새 물질을 뿜어내지 못하고 대신에 사냥감을 낚아채기 좋은 낫 모양의 앞발을 갖고 있답니다.

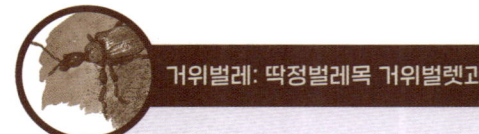

거위벌레: 딱정벌레목 거위벌렛과

나뭇잎으로 알집을 짓는
거위벌레

나뭇잎으로 만든 요람

여름에 숲속을 걷다가 나뭇가지를 쳐다보면, 이따금 잎이 돌돌 말려 있는 모습을 볼 수 있어요. 이런 잎을 뜯어서 말린 부분을 펴 보면, 안에 깨알만 한 알이 하나씩 들어 있곤 하지요. 대체 누가 이렇게 정성스러운 요람을 만들어 놓았을까요?

주인공은 바로 거위벌레랍니다.

세상에서 가장 좋은 보금자리

거위벌레는 다 자라도 몸길이가 1센티미터 정도밖에 안 되는 작은 곤충이에요. 거위벌레는 생김새가 무척 독특해요. 목이 아주 길고 배가 아주 짧아서 오리나 거위처럼 뒤뚱뒤뚱 걷는답니

거위벌레

다. 그래서 이름도 거위벌레예요.

거위벌레는 초여름에 짝짓기를 하고 20~50개 정도의 알을 낳아요. 그런데 알을 위해 아주 독특한 집을 짓는답니다. 나뭇잎 위에 알을 하나씩 낳고는 그 잎을 잘라 반으로 접어 김밥을 말듯이 돌돌 말아 두는 거예요.

몸길이가 1센티미터밖에 안 되는 작은 곤충이 자기보다 몇 배나 큰 나뭇잎을 가지고 이런 일을 하기란 쉽지 않아요. 이렇게 알집 하나를 만드는 데 짧게는 30분, 길게는 4시간이 걸릴 정도지요. 그러니 모든 알을 이런 요람으로 싸 두려면 얼마나 많은 시간 동안 힘들게 일해야 할까요? 하지만 엄마 거위벌레는 이 힘든 일을 포기하지 않는답니다. 이 알집이 새끼들에게 더없이 좋은 보금자리가 되어 주기 때문이에요.

우리 집은 안전하고 맛도 좋아요

거위벌레의 알은 나뭇잎 요람 안에 꽁꽁 숨겨져 있어요. 이 요람은 어찌나 튼튼한지, 아무리 거센 바람이 불어도 풀리거나 흐트러지지 않는답니다. 덕분에 거위벌레의 알은 알 도둑의 눈에 띄어 공격을 받는 경우가 거의 없어요.

알만이 아니에요. 이 튼튼한 요람 덕분에 알을 깨고 나온 애벌레들도 적의 눈에 거의 띄지 않아요. 거위벌레 애벌레는 다름 아닌 나뭇잎을 갉아 먹고 살거든요. 보금자리가 먹이로 되어 있으니 먹이를 찾아 굳이 바깥 세상으로 나올 일이 없는 거예요.

알집이 새끼를 보호하는 방패막이이자 먹이의 역할까지 하기 때문에 엄마 거위벌레는 알집을 아주 신경 써서 만들어요. 무엇보다 새끼가 떠날 때까지 신선한 먹이를 먹을 수 있도록, 알집을 지을 때 잎의 주맥에 상처를 내지 않으려고 노력하지요. 주맥은 잎의 각 부분으로 물을 실어다 주는 커다란 물관이 지나가는 곳이에요. 이 주맥이 잘리거나 상하면 잎으로 물이 잘 전달되지 않아 애벌레가 신선한 먹이를 먹을 수 없답니다.

사랑의 결실

거위벌레 애벌레는 엄마 거위벌레가 알을 낳은 지 5~6일이 지나면 깨어나요. 그리고 나뭇잎 요람 안에서 맛있고 촉촉한 나뭇잎을 갉아 먹으며 자라지요. 2주일 뒤면 번데기가 되고, 다시 1주

일이 지나면 어른벌레가 되어 날아오른답니다.

그런데 마침내 날개를 달고 날아오르는 새끼들은 그 훌륭한 보금자리가 엄마 거위벌레의 힘든 노동 끝에 지어진 사랑의 선물이라는 사실을 알고 있을까요? 혹시 그저 주어진 자연의 선물로 잘못 알고 있지는 않을까요?

알집을 보면 누가 만든 것인지 알 수 있어요

거위벌레는 종류에 따라 알집을 만드는 잎과 잎을 마는 방식이 달라요. 그래서 어떤 잎을 어떻게 말았는지 보면, 그 알집을 만든 거위벌레가 누구인지 알 수 있답니다.

분홍거위벌레의 알집

노랑배거위벌레의 알집

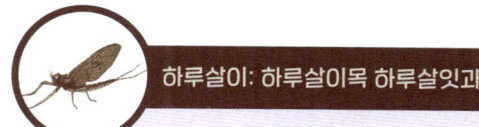

하루살이: 하루살이목 하루살잇과

아무것도 먹지 않고 알만 낳은 뒤 죽는
하루살이

하루만 사는 곤충

우리에게 살 날이 하루밖에 남지 않았다면, 여러분은 그 하루를 어떻게 보내고 싶어요? 하루 종일 신나게 뛰어놀 거라고요? 맛있는 것을 왕창 먹을 거라고요? 하고 싶은 일이 정말 많을 거예요. 그런데 자신에게 주어진 하루를 알 낳는 일에 온통 쏟아붓는 동물이 있답니다.

하루만 살고 죽는다는 곤충, 하루살이가 그 주인공이에요.

물속에서 보내는 힘겨운 한 해

여름 저녁, 시골길을 걷다 보면 작은 곤충들이 소용돌이치듯 날아다니며 눈앞을 어지럽힐 때가 있어요. 귀찮아서 손을 휘저으면

간혹 몇 마리가 잡히는데, 언뜻 보기에 모기 같지만 모기보다 훨씬 연약하지요. 바로 이 곤충들이 하루살이예요.

하루만 산다는 뜻으로 하루살이라고 불리지만, 하루살이는 사실 하루만 사는 것이 아니랍니다. 알에서 깨어나는 데만 1주일에서 몇 개월이 걸리고, 애벌레로 지내는 시간은 1개월 반에서 3년 정도랍니다. 그런데 왜 하루살이라는 이름이 붙었느냐고요?

하루살이는 알과 애벌레 시기에는 물속에 있기 때문에 사람들의 눈에 잘 띄지 않아요. 사람들이 하루살이를 보는 것은 성충(어른벌레)이 되어 하늘을 날아다닐 때뿐인데, 하루살이 성충은 짧으면 1시간, 길어도 2~3일밖에 못 산답니다. 성충이 되면, 입이 사라지는 안타까운 운명을 타고났거든요.

거룩하고 아름다운 비행

하루살이는 생의 대부분인 애벌레 시기를 물속에서 보내요. 하지만 물속 생활이 그다지 편안하지가 않아요. 하루살이 애벌레는 물에 사는 숱한 동물들의 먹이가 되기 때문이에요. 하루살이 애벌레가 줄어들면, 민물고기의 수도 줄어든다는 조사 결과까지 나와 있을 정도랍니다.

힘겨운 물속 생활을 무사히 마친 하루살이 애벌레는 물 위로 올

하루살이

라와 허물을 두 차례 벗어요. 그러면 등 쪽에서 날개가 생겨 날아다닐 수 있게 되지만, 땅 위의 삶도 하루살이에게 쉽지만은 않답니다. 날개가 생기면서 한편으로는 입이 사라져 아무것도 먹을 수 없게 되거든요.

세상에 먹지 않고 살 수 있는 생물은 없어요. 하루살이도 마찬가지예요. 두 번째 허물벗기를 마치면 기운이 빠져 며칠 안에 죽고 말지요. 그런데 살아 있는 이 마지막 시간을 하루살이는 생명의 씨앗을 남기는 일에 쏟아붓는답니다. 풀덤불 속에 숨어 기운을 아끼다가 해 질 녘이 되면 온 힘을 다해 날아올라 소용돌이치듯 공중을 날면서 암컷과 수컷이 짝을 짓는 거예요. 짝짓기가 끝나면 수컷들은 곧장 기운을 잃고 곤두박질치고, 암컷들은 안간힘을 쓰며 강으로 날아가서 물속에 알을 낳고 죽지요.

영원히 이어지는 삶

하루살이는 물속에 4000여 개의 알을 낳고 죽어요. 하루살이 알과 애벌레들은 대부분 물고기나 물에 사는 작은 생물들의 먹이가 되지만, 그래도 몇몇은 살아남아 이듬해 여름에 제 부모처럼 날개를 달고 날아오르지요. 그러고는 제 부모가 그랬듯이 알을 낳고 죽는답니다.

생의 마지막 순간을 자손을 남기는 일에 바치는 하루살이들. 이렇게 해서 생명이 한 대에서 다음 대로, 또 그다음 대로 이어지니, 어쩌면 그 마지막 순간이 하루살이의 삶에서는 가장 아름답고 찬란한 순간이 아닐까요?

애벌레는 물속에서도 숨을 쉴 수 있대요!

물자라나 물장군은 평생을 물속에서 살아요. 하지만 물속에서 숨을 쉬지 못하기 때문에 숨이 찰 때마다 물 위로 올라와야 하지요. 하루살이는 알과 애벌레 시기를 물속에서 보내요. 그런데 배쪽에 '기관새'라는 아가미가 있어 하루살이 애벌레는 물속에서도 숨을 쉴 수 있답니다.

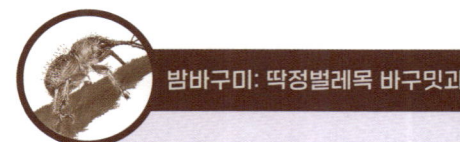

밤바구미: 딱정벌레목 바구밋과

가시 돋친 밤송이에 알을 낳는
밤바구미

밤나무를 찾아오는 수상한 녀석들

하늘이 높아지기 시작하는 9월 초, 밤송이가 영글기 시작하자 자그마한 곤충들이 밤나무 숲으로 날아들었어요. 주둥이가 코끼리 코처럼 길쭉한 밤바구미들이었지요.

밤바구미들은 아직 여물지 않은 초록색 밤송이에 주둥이를 꽂았어요. 조금만 더 기다리면 잘 여문 맛있는 밤을 먹을 수 있을 텐데 밤바구미는 왜 이렇게 성질이 급한 걸까요?

주둥이가 긴 밤바구미

밤바구미는 추운 겨울을 땅속에서 애벌레로 나고 이듬해 여름에 번데기 시기를 거친 뒤, 초가을에 어른벌레(성충)가 되어

땅 위에 올라와요. 성충은 주둥이에서 꽁무니까지가 0.9센티미터 정도인데, 이 가운데 주둥이 길이가 몸길이의 절반 정도를 차지한답니다. 그래서 밤바구미는 '꿀꿀이바구미'라고도 불려요. 주둥이가 코끼리 코처럼 길쭉하다고 해서 그렇게 불리게 된 거예요.

밤바구미

코끼리는 높은 가지에 달린 잎을 따 먹기 위해 코가 길어졌다고 해요. 그렇다면 밤바구미는 왜 이렇게 주둥이가 길어졌을까요? 혹시 가시를 피해 밤송이 속에 들어 있는 밤을 먹기 위해서일까요?

밤바구미 성충은 밤을 먹지 않아요. 보드랍고 연한 나뭇잎을 먹고 살지요. 사실, 밤바구미의 주둥이가 길쭉한 것은 알 때문이랍니다. 뾰족한 가시를 피해 밤송이 안에 알을 낳으려다 보니, 주둥이가 코끼리 코처럼 길쭉해진 거예요.

그런데 밤바구미는 어째서 따가운 밤송이 속에 알을 낳는 걸까요? 그것도 다 익지도 않은, 설익은 밤 속에 말이에요.

꼭꼭 숨으렴, 어여쁜 아가야!

바구미들은 대개 나무껍질이나 식물의 열매 속에 알을 낳아요. 그런데 걸핏하면 알을 도둑맞는답니다. 나무껍질 속에 숨겨 둔 알은 개미들이 훔쳐 가고, 나무 열매 속에 숨겨 둔 알은 나무 열매와 함께 새나 다람쥐의 먹이가 되기 일쑤예요.

하지만 설익은 밤송이 속에 들어 있는 밤바구미의 알은 알 도둑의 공격을 받을 위험이 없어요. 밤은 완전히 여물어 밤송이가 벌어지기 전까지 입에 대는 동물이 거의 없거든요. 설익은 밤은 맛이 없고, 가시 돋친 밤송이 때문에 따기도 힘드니까요.

밤바구미는 바로 이 시기를 기다렸다가 밤송이에 알을 낳아요. 9월 초, 밤나무에 밤이 열리기 시작하면, 기다란 주둥이로 밤송이에 구멍을 뚫고 그 구멍에 주둥이만큼 긴 산란관을 꽂아 알을 하나씩 낳지요. 그러면 밤이 완전히 여물어 다람쥐나 청설모가 모여들기 전까지는 뾰족뾰족한 밤송이 가시를 방패 삼아 안전하게 지낼 수 있을 테니까요.

엄마 밤바구미의 이런 소망을 알고 있는지, 밤바구미 애벌레는 엄마가 알을 낳은 지 10일 뒤면 알에서 깨어나요. 그리고 밤의 속살을 파먹으며 자라다가, 밤송이가 여물어 땅으로 떨어지면 곧장 밤 껍질을 뚫고 나와 땅속으로 들어가지요. 다람쥐나 청설모가 밤을 찾아다니기 전에 재빨리 보금자리에서 빠져나오는 거예요.

생명의 약속

새끼를 보호하기 위해 밤송이 속에 알을 낳는 엄마 밤바구미와 밤이 여물면 엄마의 소망을 저버리지 않고 밤톨에서 빠져나와 땅속으로 숨어드는 새끼 밤바구미들. 대체 누가 알려 주었기에 이 자그마한 곤충들은 같은 시기에 같은 일을 약속이나 한 듯 되풀이하는 걸까요? 이 약속이 지켜지는 한, 밤바구미들은 자연의 한 식구로 영원히 살아남을 거예요.

먹어 보기 전에는 알 수 없어요

밤바구미 애벌레는 깨알보다도 작을 때 밤톨 속으로 들어가서 배설물을 바깥으로 내놓지 않고 밤톨 속에 쌓아 둬요. 그래서 밤을 쪼개 보기 전에는 밤바구미 애벌레가 들어 있는지 없는지 알 수 없답니다.

밤나방의 애벌레는 밤바구미 애벌레처럼 밤 속에 살고 같은 시기에 밤톨 속으로 들어가요. 하지만 배설물을 바깥으로 내놓기 때문에 껍질만 보고도 안에 들어 있다는 것을 알 수 있지요.

깊이 들여다보기

곤충들은 어떻게 알과 새끼를 보살필까?

곤충은 대개 오래 살지 못해요. 진딧물은 6일만에 성충이 되어 4~5일 동안 살다가 죽고, 하루살이는 물속에서 애벌레로 1년 이상 지내지만 성충이 되어 날아다니는 기간은 하루 정도밖에 안 돼요. 매미도 땅속에서 애벌레로 7년 넘게 지내지만 땅 위로 올라와 우는 기간은 여름 한철에 불과하지요.

곤충은 성충으로 한 해 이상 사는 종류가 드물어요. 특히 우리나라 같은 온대 지방에서는 성충으로 한 계절 이상 사는 곤충을 보기 힘들지요. 그런데 곤충들은 성충으로 사는 이 짧은 시간을 대부분 자손을 남기는 일에 쓴답니다. 진딧물은 성충으로 지내는 4일 동안 새끼를 낳고 죽고, 하루살이는 알을 낳고 죽으며, 매미도 짝짓기를 하여 알을 낳기 위해 여름 한철 귀따갑게 울어 대요. 특이하게도 성충으로 지내는 시간이 10년 이상 된다는 흰개미의 여왕도 그 긴 시간 동안 꼼짝달싹하지 않고, 먹고 알을 낳는 일만 되풀이하지요.

오래 살지 못해 새끼들을 잘 보살필 수는 없지만, 곤충들도 살아 있는 동안에는 새끼들을 위해 최선을 다해요. 장차 태어날 새끼들이 배불리 먹고 자랄 수 있도록 애벌레의 먹이가 있는 곳에 알을 낳는 나비 같은 곤충이 있는가 하면, 거위벌레처럼 먹잇감 속에 알을 꽁꽁 숨겨 두는 곤충도 있어요. 한편 기생벌은 애벌레가 신선한 먹이를 먹고 자라게 하려고 살아 있는 곤충의 몸에 알을 낳는답니다.

 늑대거미: 거미목 늑대거밋과

새끼를 업고 다니는 늑대거미

앗, 거미 등에 새끼들이 와글와글!

잔뜩 찌푸린 날 오후, 딱정벌레 한 마리가 꿈틀꿈틀 강아지풀 덤불 쪽으로 기어가고 있었어요. 그때 온몸에 털이 숭숭 난 거미 한 마리가 딱정벌레 앞을 딱 가로막았어요. 들판을 늑대처럼 돌아다니며 먹이를 잡는 늑대거미였지요.

늑대거미는 다짜고짜 딱정벌레의 몸에 독니를 찔러 넣었어요. 그러고는 딱정벌레의 몸이 마비되자 체액을 빨아 먹기 시작했지요. 그때 늑대거미의 등에서 자그마한 벌레들이 와글와글 기어 내려왔어요.

맙소사, 그 벌레들은 조그만 새끼 거미들이었어요! 엄마의 등에 업혀 있던 새끼 거미들이 딱정벌레를 먹으려고 기어 내려온 거예요. 한두 마리도 아니고, 몇십 마리가 떼를 지어서 말이에요!

곤충 세계의 늑대

늑대거미는 전 세계에 널리 퍼져 있어요. 몸길이가 커도 2.5센티미터밖에 되지 않으니 몸집이 크다고 할 수 없지만, 온몸에 잿빛 털이 빽빽이 돋아 있어 조금 사나워 보이지요.

사실 늑대거미는 무서운 사냥꾼이에요. 우거진 수풀 속을 어슬렁어슬렁 돌아다니다가 사냥감을 보면 순식간에 달려나와 덮치는데, 그 모습이 마치 늑대같이 보이기도 해요. '늑대거미'라는 이름도 그래서 붙었답니다.

거미들은 대개 작은 곤충들이 자주 다니는 길목에 거미줄을 쳐 놓고, 사냥감이 거미줄에 걸려들면 잡아먹어요. 그런데 늑대거미는 이처럼 거미줄도 없이 '달려나와 갑자기 공격하는' 방식으로

늑대거미

먹이를 잡지요. 다른 거미들에 비해 눈이 아주 좋기 때문이에요.

사실 대부분의 거미들은 눈이 여덟 개나 있지만 바로 코앞도 제대로 보지 못해요. 그래서 거미줄을 쳐 놓고 먹이가 걸려들기를 기다렸다가 잡아먹지요. 그런데 늑대거미는 눈이 무척 좋아요. 다리도 길고 튼튼해 달리기를 아주 잘하고요. 그래서 거미줄을 쳐 놓고 답답하게 기다리지 않고 수풀 속을 돌아다니며 적극적으로 사냥감을 찾는답니다.

늑대거미에게는 놀라운 점이 또 한 가지 있어요. 작은 벌레들에게는 인정사정없는 무서운 사냥꾼이지만, 자식들에게는 누구보다 다정한 부모라는 사실입니다.

알은 꽁무니에, 새끼는 등에

우리 주위에서 흔히 볼 수 있는 거미들은 대개 어둡고 축축한 곳에 거미줄을 친 뒤 그곳에서 사냥을 하고 알을 낳아 새끼를 키워요. 이런 거미들에게 거미줄은 사냥터이자 보금자리이고 새끼를 기르는 요람이지요.

그런데 늑대거미는 정해진 보금자리 없이 늘 사냥감을 찾아 떠돌아다녀요. 그 탓에 알을 낳아도 당장 숨겨 둘 곳이 없지요. 그래서 엄마 늑대거미는 알을 꽁무니에 매달고 다닌답니다. 꽁무니에 있는 방적 돌기(거미 몸에서 거미줄을 만들어 내는 기관)로 거미줄을 뽑아 주머니를 만들고, 50여 개의 알을 담아 꽁무니에 매달고 다니는 거예요.

덕분에 늑대거미의 알들은 다른 동물의 먹이가 되는 일이 거의 없어요. 하지만 엄마 늑대거미는 이만저만 고생을 하는 것이 아니에요. 새끼들이 깨어날 때까지 거의 1주일 동안 자기 몸통 크기와 맞먹는 엄청나게 크고 무거운 짐을 매달고 다니니까요. 그런데도 엄마 늑대거미는 지칠 줄 모른답니다. 오히려 새끼들이 알을 깨고 나와도 마음을 놓지 못해 새끼들을 등에 들쳐 업고 들판을 뛰어다니지요.

바람아, 나 좀 실어다 주렴

엄마 늑대거미의 지극한 보살핌 속에서 건강하게 자라난 새끼 늑대거미들은 몸을 감싼 껍질이 단단해지고 다리가 튼튼해지면 높은 나뭇가지로 올라가요. 그리고 처음으로 거미줄을 뽑아 내고 그 끝에 매달려 멀리멀리 날아가지요. 엄마 품을 떠나 자기만의 사냥터를 찾아가는 여행을 시작하는 거예요. 늑대거미 같은 사냥꾼이 한곳에 모여 살면 먹이 다툼이 심해져 무리 전체가 굶주릴 수 있거든요.

이별은 언제나, 또 누구에게나 가슴 아픈 일이에요. 그렇다면 새끼들을 어디든 업고 다니며 정성껏 보살피던 엄마 늑대거미는 이별의 순간을 어떻게 맞을까요? 모르기는 해도 한숨만 짓지는 않을 거예요. 위대한 곤충 사냥꾼답게 새끼들의 앞날을 당당하고 대범하게 빌어 주지 않을까요? "넓은 세상으로 나가 용감하고 씩씩하게 살아가거라!" 하고 말이에요.

거미는 곤충이 아니에요

곤충은 몸이 머리, 가슴, 배의 세 부분으로 나뉘고, 다리가 세 쌍 있어요. 그런데 거미는 몸이 머리가슴과 배의 두 부분으로 나뉘고 다리가 네 쌍 있어요. 그래서 생물학에서 거미는 곤충과 다른 종류로 나뉜답니다.

자기 몸을 새끼의 먹이로 내주는 거미

염낭거미는 갈대 잎을 주머니 모양으로 말고 그 안에 들어가 알을 낳은 뒤, 입구를 거미줄로 막아 버려요. 그리고 새끼가 깨어나면 자신의 몸을 파먹으며 자라게 한답니다. 새끼 염낭거미들이 혼자 다닐 수 있을 만큼 자랄 때까지 알집 속에서 안전하게 지낼 수 있도록 자기 몸을 먹이로 내주는 거예요.